KB119008

내 탓 멈추기의 기술

내

당신을 망치는
부정적인 혼잣말과
깔끔하게 이별하는 법

탓

멈추기의

술

케이티 크리머 지음

김지혜 옮김

위즈덤하우스

이게 가능하다니! 케이티 크리머는 우리 모두의 머릿속에 사는 내면의 쓰레기를 길들일 수 있는 실용적인 전략으로 능숙하게 헛소리를 차단한다.

_ 조디 에클베리-헌트Jodie Eckleberry-Hunt 박사,
『Getting to Good Riddance』 저자

심리 치료사의 직업상 위험한 요소 중 하나는 '왜?'라는 질문에 지나치게 의존하는 것이다. 케이티 크리머는 '어떻게' 생각이 세상에서의 우리 경험을 불안정한 중력으로 끌어내리는지 지적한다. 또한 지속적이고, 제한적이며, 파괴적인 생각을 끊어내기 위한 대안과 실용적인 제안을 쉽고 친절하게 설명해준다.

_ 폴 R. 풀턴Paul R. Fulton 교육학 박사,
『Mindfulness and Psychotherapy』 공동 편집자

부정적인 혼잣말은 정말 고치기 힘든 습관일 수 있다. 다행히도 케이티 크리머의 책은 우리를 방해하는 매우 흔한 생각들을 나열하고, 그것에 대응하는 최고의 방법을 우리에게 알려준다. 나는 크리머가 내 심리 치료사였으면 좋겠다! 하지만 대신 이 예리하고 재미있고 대담하고 실용적인 책으로 만족하겠다.

_ 켈시 토거슨Kelsey Torgerson 청소년 불안 전문가,
『When Anxiety Makes You Angry』 저자


연극배우와 영화배우, 미국 풋볼 리그와 메이저 리그 선수의 코치로서, 나는 우리가 혼잣말하는 방식이 우리의 행복과 성공에 영향을 미친다는 것을 잘 알고 있다. 이 책은 우리 모두의 머릿속에 그 목소리를 다룰 수 있도록 해주는 멋진 자료다. 당신이 특정한 목표를 위해 노력하고 있든 스트레스가 많은 세상에서 더 많은 행복과 평화를 찾기 위해 노력하고 있든, 이 책은 당신을 위한 것이다!

_ 조너선 페이더Jonathan Fader 동기부여 면담 트레이너,
『Life as Sport』 저자

케이티 크리머는 명쾌한 문체와 다양한 개념을 종합해 부정적인 혼잣말을 근절하기 위한 쉽고, 실용적이고, 즐겁고, 미묘하고, 진부하지 않은 방식을 만들어내는 능력을 갖춘 훌륭한 작가다!

_ 마이클 덜친Michael Dulchin 의학박사,
뉴욕대학교 랭곤 의료센터 정신의학과 조교수

이 책은 도전, 지혜, 행동과학을 사용해 부정적인 혼잣말 패턴을 깨고 삶을 되찾을 수 있도록 도와준다!

_ 데니스 터치Dennis Tirch 의학박사,
『The Compassionate-Mind Guide to Overcoming Anxiety』 저자

## 목차

추천의 글                                                      5

프롤로그  셀프 악담은 이제 그만                                 14

## Step 1 · 젠장, 이제는 바꿀 때다!

**1** "나는 바뀔 수 없어"                                       28
........................................ 변화할 수 있다고 믿는 법

**2** "내 마음은 엉망진창이야"                                  36
........................................ 내면의 비평가를 차단하는 법

**3** "내 생각이 틀림없어"                                      44
........................................ 나의 생각을 평가하는 법

**4** "현재에 충실할 수 없어"                                   52
........................................ 마음챙김을 실천하는 법

**5** "최악의 상황이 벌어질 거야"                                    60

……………………………………………    두려워하는 습관을 버리는 법

**6** "실패할 게 빤한데 시도할 필요 있어?"                           66

……………………………………………    실패에 대한 인식을 바꾸는 법

**7** "삶이 끔찍해"                                                72

……………………………………………    어려운 현실을 받아들이는 법

**8** "생각과 감정을 분리하지 못하겠어"                              80

……………………………………………    생각과 감정에 거리를 두는 법

**9** "이 생각을 멈출 수가 없어"                                    89

……………………………………………    생각의 고리를 끊어내는 법

**10** "~할 수 없어"                                              95

……………………………………………    자신의 능력을 믿는 법

## Step 2 · 마음속 착각의 말들

**11** "~해야 해"                                                104

……………………………………………    비판과 자책의 말을 멈추는 법

**12** "실패 후 다시 도전하는 건 너무 힘들어"                        110

……………………………………………    다시 도전하고 잘 실패하는 법

13 "자주 죄책감이 들어"     117
………………………………… 죄책감에서 벗어나는 법

14 "나에게 너그러울 수 없어"     121
………………………………… 스스로에게 관대해지는 법

15 "나는 원래 그래"     129
………………………… 나를 해치는 신념을 개조하는 법

16 "시간을 되돌릴 수만 있다면…"     136
……………………… 과거가 아닌 현재에 집중하는 법

17 "나는 불확실함이 싫어"     142
………………………… 통제할 수 없음을 인정하기

18 "나는 형편없는 사람이야"     148
………………………………… 수치심을 내려놓는 법

19 "좋은 일은 끝나기 마련이야"     156
………………………… 좋은 일에 맘껏 기뻐하는 법

20 "나는 원래 부정적이야"     164
…………………… 내 안의 부정적 자아를 내던지는 법

## Step 3 · 어차피, 인간은 누구나 불완전해

21 "모든 것은 분명하게 흑백으로 나누어져"          172
·························· 이분법적 사고에서 탈출하는 법

22 "나는 완벽해야 해"          178
·························· 완벽주의를 관두는 법

23 "나는 다른 사람들보다 부족해"          185
·························· 비교의 틀을 깨부수는 법

24 "항상 내 예상대로야"          192
·························· 지레짐작을 잘 다루는 법

25 "이렇게 느끼고 싶지 않아"          198
·························· 불편한 감정을 받아들이는 법

26 "인생은 불공평해"          204
·························· 불공평함에 현명히 대응하는 법

27 "남의 말이 지나치게 신경 쓰여"          212
·························· 타인의 말에 흔들리지 않는 법

28 "내 책임인 것 같아"          219
·························· 과도한 책임감을 내려놓는 법

29 "끝나지 않을 것 같아"          225
·························· 삶의 비관을 멈추는 법

**30** "나만 이렇게 힘들어" 230
················ 혼자만 힘들다는 생각을 그만두는 법

## Step 4 · 두려움 없이 뚫고 나가기

**31** "사람들이 나를 어떻게 볼지 걱정돼" 236
················ 타인의 시선에 의연해지는 법

**32** "나는 항상 ~해 / 나는 절대 ~하지 않아" 244
················ 스스로를 단정하지 않는 법

**33** "지금쯤이면 더 많은 것을 이뤘어야 해" 248
················ 뒤처졌다는 생각에서 벗어나는 법

**34** "나는 쓸모없는 인간이야" 253
················ 나 자신의 고귀함을 알아채는 법

**35** "맞는 말이야, 하지만…" 258
················ 변명의 말에 낙관을 더하는 법

**36** "나는 능력도 재주도 없어" 264
················ 자신의 잠재력을 발견하는 법

**37** "나는 성공해야 해" 268
················ 과정에 집중하는 법

**38** "나는 망했어"                              274

................................ 잘못된 낙인을 지우는 법

**39** "내 문제는 별것 아니야"               278

................................ 스스로를 존중하는 법

**40** "나는 부족해 / 나는 너무 지나쳐"      280

................................ 자신에 대한 비판을 멈추는 법

# 셀프 악담은 이제 그만

상담 치료 일을 하며 가장 난감한 일은 사람들의 셀프 악담을 듣는 것이다. 지난 8년 동안, 나는 다양한 형태의 셀프 악담들을 들었다. 자기혐오에 대한 노골적인 표현들, 자신을 무너뜨리는, 은밀하게 에둘러 말하는 표현들도 있었다.

우리의 삶, 갈등, 조급한 마음을 달리 표현할 수 있는 훨씬 더 즐겁고 효과적인 방법이 있다. 스스로에게 악담을 하는 일이 당신의 삶을 방해하고 있다면, 바로 여기 해결책이 있다. 간단하다. 그냥 그만두면 된다. 일단 마음을 편하게 가지기를 권한다. 마음의 습관을 바꾸는 일은 더럽게 힘든 일이기 때문이다.

나야말로 오랜 기간 부정적 사고와 셀프 악담에 시달려 살아온 사람이다. 그리고 그것에서 벗어나 회복되었기에

'진정한' 전문가라고도 할 수 있다. 나는 불면증 환자이기도 했고, 평생을 걱정에 파묻혀 지나치게 생각하는 사람이었으며, 반복되는 공황발작을 이겨낸 사람이기도 하며, 완벽주의자로 살아왔다.

스물세 살 때, 나는 결혼하리라 믿었던 사람과 단 일주일 만에 동거했다가 헤어졌다. 나는 잘 대처하지 못했고, 도움을 청하기에는 망할 자존심이 허락하지 않았다. 이 모든 일은 내가 임상 심리학 석사 학위를 따고 고통스러운 정신 건강 진단과 싸우는 동안 일어난 일이었다. 모든 환상이 깨졌다. 내가 그토록 믿고 좋아해 마지않았던 로맨틱 코미디 이야기들이 내 앞에서 사라졌다.


언젠가 한 친구가 페마 초드론Pema Chödrön의 『모든 것이 산산이 무너질 때When Things Fall Apart: Heart Advice for Hard times』라는 책을 건네주었다. 마음챙김에 관해 처음 읽은 책이었다. 그 책은 내 내면의 목소리가 얼마나 해를 끼치는지를 직면하게 하고 내면의 공포와 증오를 해체하는 방법을 제시하며 내 삶을 변화시켰다.

나는 혼잣말할 때 쓰던 언어를 의식적으로 바꾸기 시작

했고, 모든 것에 대해 좀 더 현재에 집중하고 덜 판단하기 위해 마음챙김 수련에 뛰어들었다. 삶이 힘들어지고 자기 연민이 고개를 드는 순간마다 내 혼잣말은 좀 더 따뜻한 버전으로 진화했다. 나는 부정적인 이야기에 빠져드는 나를 인지하는 방법을 배웠고, 나 자신과 좀 더 건강한 대화를 나누는 법을 배웠다.

이 책을 통해, 우리는 전쟁 중인 적이 아니라 사랑하는 친구처럼 우리 마음을 대하는 다양한 접근 방식을 발견할 것이다. 우리는 자기 판단과 부정적인 사고를 자기 친절, 주의 깊은 인식, 평정, 긍정으로 변화시키는 창의적인 방법을 함께 모색할 것이다.

이 책의 여정을 함께하면서, 훈련을 완벽하게 하기 위해 일기나 노트를 사용해보는 것을 권한다(아니면 스마트폰에 메모를 해도 좋다!). 시간을 들여 질문에 충분히 답변하고, 자신의 경험을 정직하게 반영해보자.

이 책이 당신이 읽지 않은 다른 대중 심리학 서적과 함께 책장에 꽂혀 먼지가 쌓이기 전에, 노트를 꺼내 다음 질문에 정확하게 대답해보자.

- 셀프 악담이 지금까지 효과가 있었는가?
- 자신을 평가절하하는 것이 당신이 늘 원했던 긍정적이며 오래 지속되는 변화를 가져왔는가?
- 자기비하 덕분에 당신의 동기와 자신감이 치솟았는가?
- 당신 마음속의 불친절한 비평가들이 당신의 꿈을 실현할 수 있는 의견을 제시했는가?
- 인생의 장애물에 대한 당신의 접근 방식이 당신의 삶을 더 쉽게 만들거나 더 만족스럽게 만들었는가?

질문에 대한 답이 '꼭 그렇지는 않다'의 다양한 변형이었다면, 이 책을 잘 집어든 것이다. 나는 내면의 목소리를 평가절하하고, 믿음에 한계를 두고, 생각의 소용돌이가 그들의 거의 모든 경험에 영향을 미치는 내담자들과 함께 일한다. 나는 그들의 어그러진 내면의 목소리가 그들의 일상을 얼마나 망치는지 지켜본다.

이제 내가 내담자들에게 하는 말을 당신에게도 하겠다. 오늘부터 당신의 부정적인 사고방식과 혼잣말을 수용해서는 안 된다. 자신의 자의식에 해를 끼치고 있음을 인정하고 당신이 사용하는 언어의 선택에 책임을 져야 한다.

인생의 모든 순간은 의식적으로 건강하고 따뜻하며 현실적인 방법으로 자신과 이야기할 수 있는 기회가 펼쳐질 것이다. 한 가지 일러둘 것이 있다. 부정적인 사고에 대한 모든 접근법을 다루는 것은 불가능하다. 어떤 책도 당신이 정확히 무엇을 해야 하는지 알려줄 수 없다. 내 책 역시 마찬가지일 것이다. 마음의 습관을 바꾸지 않으면 고통은 지속될 것이기에, 가장 중요한 것은 당신을 자유롭게 할 지혜를 탐구하고 실행하는 데 전념해야 한다는 것이다. 당신 내면의 목소리를 변화시키거나 계속 고통을 받거나, 어떻게 할지는 당신의 손에 달렸다.

## 부정적인 혼잣말 한눈에 보기

당신은 '셀프 악담의 뉘앙스'라는 주제의 내 미니 워크숍에 초대받았다. 우선 기본적인 내용부터 살펴보자. 우리의 뇌는 전기 회로와 같은 경로에서 점화된 신경 세포에 의해 생성되는 '생각'을 만들어낸다. 생각은 긍정적이거나 부정적이거나 중립적인 '정서가valence(情緒價; 정서의 긍정 및 부정 정도-옮긴이)'를 가질 수 있으며, 일반적으로 자신, 타인, 세계를 향한다. 생각의 종류에는 걱정, 가정, 인상, 개념, 아이디어, 인식, 질문, 의견, 신념, 이야기 등이 포함된다. 혼잣말은 우리 자신을 향한 말이나 생각으로, 문학작품의 내적 독백과 비슷하나 셰익스피어의 재능이 빠진 것이다. 혼잣말은 또한 우리가 특정한 생각이나 경험에 반응하여 사용하는 의식적인 행동으로, 자기 패배적인 비판에서부터 자기 친절을 표현하는 일에 이르기까지 스펙트럼이 광범위하다. 반사적으로 발생하든 더 의식적으로 사용하든, 부정적인 혼잣말은 우리의 자의식, 자부심, 자존감을 손상한다.

진화하면서 인간의 뇌는 자기성찰보다 생존을 우선시하게 되었다. 우리 두뇌의 가장 오래된 부분은 '자기 보호'를 위해 형성되었으며, 감정적 위협이나 자아 위협의 복잡한 특성에 정확하게 반응하도록 진화하지 않았다. 만약 우리 조상들이 숲에서 바스락거리는 소리가 부족에게 위험한지 확신하지 못하고, 자아 분석에 더 많은 시간을 쏟았다고 생각해보라. 마음의 투쟁-도피 반응fight-or-flight reflex(스트레스가 심하거나 위협을 느끼는 상황에서 자동으로 나타나는 생리적 각성 반응-옮긴이)은 잠재적 위협에 대한 최적의 대응을 시작함으로써 조상들을 보호했다.

우리의 뇌는 부정적인 사건이 긍정적인 사건보다 우

리의 내면세계를 지배하도록 생각을 굳히는 '부정 편향 negativity bias'으로 연결되어 있다. 오래전, 위협에 더 효과적으로 반응하는 사람들은 계속해서 번식했고, 우리의 뇌가 기능하는 방식을 더 굳게 다졌다.

또한 부정적인 혼잣말의 모든 버전에서 역할을 하는 '자기중심성egocentrism(우리를 세상의 중심에 놓고 다른 사람들의 관점에서 보지 못하는 경향)'에 대해서도 간단히 짚고 넘어가보자. 나는 공감하는 게 업임에도 불구하고, '여전히' 사람들이 내 방식대로 세상을 본다고 잘못 생각할 때가 많다.

'인지 편향cognitive biases'은 우리의 개별적인 현실을 구성하는 방법에 영향을 미치는 생각의 오류이다. 정말 이 부분은 잘 설명하고 싶다. 우리의 주관적 현실은 객관적 사실보다는 경험에 대한 우리의 인식에서 만들어진다. 그러므로 우리가 우리 자신과 타인에 대해 진실이라고 믿는 것(반드시 진실은 아닐 수도 있다)이 결국 우리의 결정, 우리와 타인에 관한 판단, 그리고 우리의 나머지 행동을 결정하게 된다.

우리의 뇌는 부정적인 자극을 더 쉽게 인식하고, 우리역시 이러한 부정적인 자극에 연연하게 된다. 우리가 부정적인 것에 더 많은 관심을 기울일수록, 우리 마음은 부정적인 사고의 순환을 영원히 지속시키며 그 중요성을 과장한다. 우리의 마음은 종종 우리에게 부정확한 정보를 제공하여 현실을 왜곡한다.

'인지왜곡cognitive distortions'은 부정적으로 편향되고 비합리적인 생각으로 우리의 부정적인 감정과 혼잣말을 부추기고 강화한다. 시간이 지남에 따라 강화되는 이 사고방식은 우리가 사용하는 해롭고 자기비하적인 언어에 영향을 끼친다. 다음은 해로운 혼잣말의 일반적인 범주다.

★ 근거 있어 보이는

• 나는 그림을 잘 못 그려. 작품을 만드는 건 말이 안 돼.
• 나는 고소공포증이 있어. 놀이공원에 가봤자 소용없어.
• 그녀에게 상처를 줬으니 오랫동안 죄책감을 느껴도 싸.

★ 현실적으로 보이는

• 나는 이 데이트 앱을 몇 주째 사용하고 있는데 데이트 신청을 한 번밖에 못 받았어. 아무도 나한테 관심이 없어.

- 수학 시험에서 두 번이나 떨어졌어. 분명히 이 수업을 통과하지 못할 거야.

★ 두려움이나 자존감 관련
- 나는 분명히 그들에게 거절당할 거야.
- 이 일은 잘될 리가 없어. 난 안 할 거야.
- 난 재미있는 사람이 아니야. 대화에 참여 안 하고 조용히 있어야 해.

★ 명백하게 비하적이고 적대적인
- 나는 사랑스럽지 않아.
- 나는 바보야. 실패자야.
- 나는 절대 성공하지 못할 거야.

## 부정적인 사고의 결과

우리는 불친절하고 비판적인 방식으로 스스로에게 말하면서도, 아무것도 변하지 않을 때 격렬하게 실망한다. 우리는 현실의 진실이나 근거를 따져보지 않고, 우리의 정체성과 능력에 대한 믿기 어려운 이야기를 계속해서 엮어낸다.

우리에게 근본적으로 문제가 있기 때문에 인생에서 원하는 것을 결코 얻지 못할 것이라고 스스로 확신한다. 우리는 과거에 얽매이거나 미래에 대한 자기충족적 예언self-fulfilling prophecy에 따라 살아가면서 자신이 충분하지 않다고 믿고 자신을 스스로 의심하며 귀중한 시간을 낭비한다. 우리는 방어적인 내면의 목소리가 의사소통을 잠식하고 우리 관계에 갈등을 일으키도록 허용한다. 마음은 계속해서 우리를 실망하게 하고 있지만, 우리는 계속해서 같은 방식으로 마음과 관계를 맺고 있다.

당신이 심리 치료사나 사랑하는 사람에게 도움을 청하러 갈 때마다, 그들이 당신을 질책하고, 의심하고, 당신이 실패할 모든 방법을 나열하고, 당신이 충분하지 않다고 확신시키고, 당신의 감정이 틀렸다고 주장하고, 당신의 고통을 하찮게 여긴다고 상상해보자.

그런 관계를 유지하고 싶은가? 당신과 당신의 마음에 있어서도 다르지 않다. 자신과의 대화가 당신의 자존감과 자부심에 부정적인 영향을 미치고, 긍정적이고 지속적인 삶의 변화를 만들어내는 능력을 제한하고, 두려움 속에서 살게 하고, 당신이 평온함과 기쁨을 경험하는 것을 계속 막는 다면? 젠장, 이제는 바꿀 때다!

우리를 고통스럽게 하는 것은 우리 삶에서 일어나는 일들이 아니라, 우리에게 일어나는 일들과 우리가 관계를 맺는 방식이다.

_페마 초드론 Pema Chödrön

어떻게 부정적인 생각을 버릴 것인가? 그냥 버리면 된다. 손에 든 뜨거운 석탄을 어떻게 떨어뜨릴 것인가? 당신이 지고 있는 무겁고 쓸모없는 짐은 어떻게 버릴 것인가? 더 이상 고통을 겪거나 짐을 짊어지고 싶지 않음을 인식하고 그것을 내려놓으면 된다.

_에크하르트 톨레 Eckhart Tolle

마음에 주의를 기울인다는 것은 당신의 생각이 오가는 것을 관찰하고, 감정 상태에 따라 어떻게 변화하는지 알아차리고, 긍정적, 부정적, 중립적인 정서에 주목함으로써 지금 일어나고 있는 일을 인식하는 것을 의미한다. 현재의 순간 없이는 긍정적인 변화가 일어날 수 없는, 우리의 자기 인식을 키우는 순간이다. 연습을 통해 우리는 의도적으로 현재의 순간에 주의를 기울이는 능력을 더 반사적으로 발휘할 수 있고, 우리 마음의 눈을 의도적으로 다른 곳으로 돌릴 수 있게 된다.

# 젠장, 이제는 바꿀 때다!

No More
Talking Shit

# 나는 바뀔 수 없어

변화할 수 있다고 믿는 법

I can't change

오, 시작부터 이렇게 낙관적이라니 마음에 든다!

자기계발서를 산더미같이 쌓아놓고 읽거나 꾸준히 상담 치료를 받으러 간다고 해서 우리가 한결같이, 진지하게, 변화가 일어날 수 있으며 그것이 감동적인 자기 성장을 결과로 가져올 것이라고 믿는 것은 아니다. "나는 바뀔 수 없어"와 같은 유형의 혼잣말은 은밀하게 우리가 자신을 비하할 때 사용하는 어조와 언어에 몰래 숨어들어 있다. 그리고 우리가 더 건강한 사고 습관으로 채워진 일상을 꾸려나가지 못하게 한다. 특히 비뚤어진 혼잣말을 하는 사람들에게 퍼져 있는 '패배주의적 태도'에는 자연히 자기 의심이 따라온다.

우리 대부분은 '다른 사람'이 변화할 수 있다는 것은 분명히 믿으면서, 함께 오래 살아오며 지켜봐온 나 자신은 정작 변화할 수 없다고 확신한다. 우리는 변화를 향해 움직이기 시작하면, 계획한 바를 성취할 능력이 없다는 것을 알게 될까 봐 종종 두려워한다. 행동할 수 없을 정도로 두려움에 마비된 우리는 자신에 대한 원래의 믿음을 더 굳힌다.

"나는 좋은 습관을 만들 수 없어. 나는 항상 루틴을 완성하지 못하고 포기하잖아."

종종 뒤따르는 죄책감과 수치심은 변화의 가능성을 깔끔하게 닫고 부정적인 혼잣말과 자기충족적 예언의 쳇바퀴에서 빠져나오지 못하게 한다.

불행히도 우리 대부분은 마음이 자신을 엿먹이는 데 큰 역할을 한 데 대해 책임지는 고통을 달랠 수 있는 마법인 '자기 연민'을 실천하는 데 (아직) 능숙하지 않다.

상담 치료를 받으러 가거나 이 책에 담긴 엄청난 지혜를 받아들였음에도 당신의 삶에서 아무것도 변하지 않는다고 내게 말한다면, 나는 당신이 배운 것을 어떻게 실천에 옮겼는지 물어볼 것이다. 장담컨대 당신은 당신이 '이해'하고 당신이 '해야 할 일'을 알고 있음에도 불구하고 이를 직접 실천하는 일과 씨름하는 최초의 인간이 아니다. 결국 이 몸부림은 스스로를 정체 상태로 만들고, 이 정체 상태에 대해 또는 (다른 모든 사람은 분명히 할 수 있는데 당신만 변화할 수 없는 듯 느껴져) 당신의 무능함에 대해 자기 비판적으로 만든다.

자신을 더 나은 사람으로 느끼는 데 무엇이 필요한지에 관한 이야기에 대응해 체념과 한숨 가득한 목소리로, "알아, 나도 알아"라고 말하기로 악명 높은가? 그다음 "단지 그게 쉽지 않아" 또는 "어떻게 해야 할지 모르겠어"라고 하거나, 이어지는 대화에 "난 못해"를 슬쩍 끼워 넣는가?

내 내면의 비평가와 싸워야 하는 엄청난 도전을 경험한 같은 인간으로서, 나는 당신의 심정을 백분 이해한다. 하지만 이 책의 저자로서, 나는 이렇게 말해야겠다.

"당신은 그 이유와 방법을 '이미' 알고 있어요."

맞다, '정말로' 쉽지는 않다. 하지만 당신은 할 수 없는 것이 아니다. 정확히 말하면 당신은 얼마나 많은 노력을 해야 하는지에 겁을 먹고 결국 목표에 도달하지 못할까 봐 두려워하는 것이다.

## 변화할 수 있다는 것을 믿자

자신의 성장에 대해 책임을 지는 것은 지속적인 변화를 위한 전제 조건이다. 아무도 대신할 수 없는 일이기 때문이다. 당신에게 전하는 첫 번째 좋은 소식은 나이가 드는 것만으로도 자연스럽게 변화의 과정을 경험하게 된다는 것이다. 다른 건 몰라도, 죽은 후에도 우리의 코와 귀는 계속 자란다는 것을 기억해두자. 말하자면 죽음 이후에도 성장할 수 있다는 것이다.

다행히도, 우리 두뇌는 우리 삶을 힘들게 하는 모든 것들을 어느 정도 보상하는 한 가지 중요한 방식을 가지고 있다는 데서 꽤 근사하다. 바로 '신경가소성neuroplasticity'이라는 것이다. 재연결될 수 있는 새로운 신경망을 개발하는 대단한 능력으로, 우리의 끊임없는 파괴적이며 부정적인 생각을 극복하는 등의 새로운 습관을 개발하게 한다.

두 가지의 선택지만 있다는 것을 기억하자. 하나는 자기 성장을 향한 발걸음을 내딛는 것을 두려워하며, 똑같은 상태를 유지하거나 오히려 더 나빠지리라는 믿음을 굳힌다. 아니면 해묵은 혼잣말을 그만두고 용기를 내도록 스스로 격려하며, 극적인 변화까지는 아니더라도 적어도 약간의 변화는 틀림없이 경험하도록 한다.

결론은 이렇다. 만약 당신이 안전지대를 벗어나는 위험을 감수하지 않는다면, 당신은 당신 자신이나 삶에 대해 불만스러운 어떤 부분에 대해서도 한탄하거나 불평할 권리를 가질 수 없게 된다.

이 장의 연습은 '고착형 사고방식fixed mindset'을 버리고 '성장형 사고방식growth mindset'을 개발하기 위한 첫걸음이다. 고착형 사고방식은 우리가 아무리 노력해도 우리의 능력이 향상되지 않는다고 믿는 것이다. 고착형 사고방식을 가진 사람들은 일반적으로 실패를 더 두려워한다. 성장형 사고방식은 우리가 좌절에 대처하는 유연하고 희망적이지만 현실적인 방법을 가지고 있으며, 목표를 향해 일할 때 동기를 유지하기 위해 우리의 관점을 바꿀 수도 있음을 의미한다. 성장형 사고방식을 유지할 수 있는 사람들은 과거의 경험을 통해 배우는 것을 중요하게 여기고 자기 성장을 우선시하며 최고의 자기 자신이 되기 위해 노력하는 경향이 있다.

# 변화할 수 있음에 감사하기

끝내주는 자기 인식이 먼저 이뤄지지 않고는 지속적인 변화를 만들어낼 수 없다.

변화에 대한 과거의 시도를 되새겨보며 다음 질문에 답해보자.

- 새로운 혼잣말 습관을 기르기 위해 어떤 노력을 얼마나 기울였는가?
- 변화로 이어지는 선택을 하는 데 방해가 된 인지적인 또는 실질적인 장애물은 무엇이었는가?
- 어떤 두려움이 당신을 가로막았는가?
- 변화를 시도하는 과정에서 자기 자신과 어떤 대화를 나눴는가? '충분한' 성장을 발견하지 못했을 때 어떻게 말했는가?

자신에게 말할 때의 언어를 바꾸겠다고 '약속'하고 당신의 의도를 담아 적어보자. 이 약속을 당신의 본질적 가치와 '연결'하자. 당신이 변화하는 것이 왜 중요한가? "나는 내 두뇌가 변화할 수 있다는 사실에 감사해"라고 소리 내 말하며 뇌의 신경가소성에 감사를 '표현'해보자. 당신의 성찰을 추가적인 도전으로 바라보고 당신의 변화 능력을 응원해보자.

"거울아, 거울아, 이제 이 빌어먹을 셀프 악담도 마지막이야."

# 2

# 내 마음은
# 엉망진창이야

### 내면의 비평가를 차단하는 법

My mind sucks

마음은 골칫거리이기도 하다. 맞는 얘기다. 하지만 당신이 어떻게 스스로에게 악담을 퍼붓는지를 이야기하거나, 당신이 겪고 있는 열받는 상황을 이야기하며 악담을 퍼붓는 일은 (놀랄 만큼 고차원적이긴 하지만) 지금부터 절대 금지다. 나는 내 내담자들이 그렇게 하도록 놔두지 않으며, 당신에게도 역시 특별대우는 없다.

삶은 우리의 마음이 경험하는 방식을 비판하면서 고통을 가중하지 않아도 이미 충분히 어렵다. 무엇이 당신의 내적 경험을 판단하는지 알고 싶다면, 여기 몇 가지 예를 들 수 있다.

- 내가 여전히 이 생각을 하고 있다는 게 싫어.
- 이 생각을 하면 안 되는데.

- 이렇게 느끼다니 난 너무 나약해.
- 미친 소리처럼 들릴 거라는 거 알아.
- 이렇게 화가 나다니 정말 바보 같아.
- 그냥 잊어버릴 수 없는 나 자신에게 너무 화가 나.
- 이렇게 슬픈 게 짜증 나.
- 다른 사람들은 이렇게 거지 같은 생각을 하지 않겠지.

장담하는데 안 들어본 말이 없다. 우리는 사실상 우리의 뇌가 일반적인 뇌처럼 기능한다는 사실을 비판하고 있다. 지구에서 중력과 싸우려는 것과 같은 일이다. 무의미하며 지치는 일이라는 말이다.

당신은 스스로의 마음을 관찰하거나 공유할 때 얼마나 자주 사과하고, 정당화하고, 부인하고, 당황하거나 부끄러워하는지 생각해본 적이 있는가? 단순히 스스로 평범한 인간인 것을 인정하지 못하고 스스로 힘들게 하는 경향이 있는가?

우리는 먼저 마음의 활동을 정상화함으로써 판단 도중에 알아차리고 경로를 수정하는 데 전문가가 되어야 한다. 우리가 단순히 불쾌하거나 나쁘다고 인식하는 생각이나 감정을 가지고 있다는 이유로, 얼마나 자신을 벌주고 있는지 알고 난 후에 놀라고 불안해하는 것은 흔한 일이다. 일단 우리가 내면의 비평가를 계속해서 알아차리면 반응하는 방식을 의식적으로 바꿀 수 있다. 그러면 실제 마음속의 변화를 일으킬 수 있다.

## 호기심 갖기

당신의 마음이 판단하기에 바쁘면 호기심은 자연스럽게 찾아오지 않는다. 그러나 당신이 늘 호기심을 갖고 반응하게 되면, 당신은 어디에도 비할 수 없는 초능력을 얻게 될 것이다. 수년간 꾸준히 수련한 결과 이제 내 마음의 기본 언어는 '호기심'이고, '판단'은 거의 사라졌다. 내가 말하고자 하는 것은, 내가 할 수 있다면 당신도 할 수 있다는 것이다.

우리의 마음이 만든 자아가 모든 해로운 것들을 생각할 때, 또는 우리 몸이 정서적 위협에 반응할 때, 우리는 항상 선택에 직면하게 된다. 두려움이 모든 것을 이끌어나가며 비판적인 방식으로 고통받도록 하거나, 마치 두뇌를 연구하는 과학자인 것처럼 생각, 느낌, 행동을 어떤 판단도 없이 관찰하게 한다. 이럴 때 우리는 내면의 경험에 대해 호기심을 갖게 되거나. 우리의 자연스러운 행동을, 어떤 부분도 통제하려고 하지 않는다. 마찬가지로 호기심을 선택할 때는 의도적으로 판단과 마음의 본질을 바꾸려고 하는 시도는 자제한다.

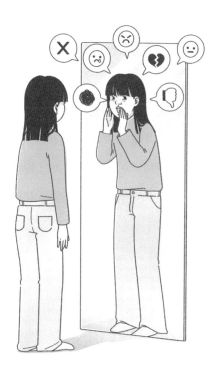

우리가 내면의 비평가를
계속해서 알아차리면
반응하는 방식을 의식적으로 바꿀 수 있다.

**"윽!"을 "응?"으로 바꾸기**

머릿속에서 일어나는 일이 마음에 들지 않으면, 배심원 노
릇을 하고 싶은 유혹에 굴복하지 말고 자신에게 질문하는
연습을 해보자. 간단하면서도 혁신적인 방식은 혼잣말할
때의 어조를 바꾸는 것이다. 같은 질문을 불쾌한 태도로 할
수도, 경이로움을 가지고 할 수도 있다.

일단 불쾌한 태도를 없애고 나면 다음과 같은 검증된 탐색
적 질문을 자신에게 해볼 수 있다.

- 내가 왜 그런 생각을 했을까?
- 슬픔이 그냥 여기 잠시 머무르도록 두면 어떻게 될까?
- 내가 이 상황을 바꾸는 데 시간이 걸릴 거라는 사실을 받
  아들이면 어떻게 될까?
- 이렇게 생각하는 나 자신을 미쳤다고 하는 대신, 인간이
  니 자연스러운 거라고 생각하면 어떨까?

• 이 순간이나 경험을 통해 무엇을 배울 수 있을까?

당신을 살아 있게 해주는 중요한 기관인 '뇌'에 윽박지르는 대신 질문을 계속해보자. 놀라운 깨달음을 얻게 될 것이다.

# 3

# 내 생각이 틀림없어

## 나의 생각을 평가하는 법

Everything
I think must
be true

다음과 같은 생각을 하는 시나리오를 상상해보자.

'내 절친이 정말로 나를 필요로 할 때 나는 옆에 있어주지 않았어. 나는 정말 나쁜 친구야.'

이어서 당신은 앞의 생각에 동의한다.

'맞아. 빌어먹을 친구지. 좋은 친구는 이런 식으로 행동하지 않아.'

부끄러움을 느끼며, 당신은 이미 한 일을 되돌릴 방법이 없기 때문에, 친구의 연락에 더 이상 답하지 않는 게 낫겠다고 자신에게 말한다. 그리고 어느새 당신은 친구를 잃게 된다. 당신이 친구를 실망하게 했기 때문이 아니라, 당신이 자신의 실수(심지어 엄청난 실수라고 해도) 하나로 친구로서의 당신의 가치를 결정짓도록 놔두었기 때문이다. (스포 주의: 곧 당신은 전 세계 수백만 명의 사람들이 계속 일을 개판으로 망치지만, 그렇다고 해서 그들이 빌어먹을 인간이 되지는 않는다는 사실을 마음에 새기게 될 것이다. 게다가 수백만 명의 사람들은 수백만 가지의 생각을 하고 있으며, 그 생각의 대부분은 눈에 보이는 사실이 아닌 편견과 같은 주관성에 근거하고 있다는 것도 알게 될 것이다.)

자신에게 가혹하게 구는 '다른' 사람들을 볼 때면 우리는 그들의 처지에 연민을 표할 뿐 아니라 그들의 가혹하고 잘못된 자기 판단을 단호하게 지적한다. 우리는 그들의 생각에 문제가 있다고 확신하고, 자신의 가치를 깎아내리는 사고방식에 그들이 고집스럽게 매달리는 것을 보며 당황하기도 한다. 친구가 마음속의 자기 패배적인 생각을 털어놓았을 때 우리가 얼마나 자주 "그렇지 않아!" 하고 대답하는지 생각해보자. 나는 내담자들의 논리가 가진 허점을 밝히는 것을 큰 기쁨으로 여기지만, 많은 내담자들은 내가 말한 규칙에서 자신은 예외임을 증명하기 위해 필사적으로 애쓰곤 한다.

## 생각은 사실이 아니다

뇌는 하루 평균 5만~7만 가지의 생각을 처리한다. 그러나 그 생각들을 하나하나 확인할 능력까지 갖고 있지는 않다. 생각은 본질적으로 진실도 거짓도 아니다. 생각은 단순히 머리에서 발생하는 전기 자극이며, 머리는 이 자극을 재빨리 해석한다. 전기 자극은 보통 기분 상태, 발단된 사건, 주변 세상을 보는 우리의 인식에 따라 달라진다. 때문에, 생각에 대한 우리의 해석은 실제 정서의 긍정과 부정, 궁극적으로는 우리를 좌지우지할 힘에도 영향을 미치게 된다. 우리 생각의 대부분은 수년간의 조건화에 기반을 둔 의견이나 인식이다. 우리가 부정적인 생각을 지나치게 심각하게 받아들이면 그 결과가 계속 쌓여 자신을 믿는 데 어려움을 겪고, 두려움에 아무것도 하지 못하게 되고, 자존감마저 떨어지기 시작한다.

당신이 또래 중에서 제일 뒤처졌다고 생각한 때가 있었는가? 당신은 분명 사실이라고 확신했을 것이다. 긴장을 풀고 일을 쉴 자격이 없다고 스스로 되뇌면서, 번아웃을 겪었던 때는 어떤가? 상대에게 용서받아 놓고도 죄책감을 떨치지 못했던 적이 있었는가? 그럴 때 잠시 멈추고 당신의 논리에 허점이 있는지 스스로 생각해보았는가?

어떤 생각이 맞는지 틀렸는지 판단하기 위해서는, 그 생각이 언제나 100퍼센트 사실인지를 자신에게 물어봐야 한다. 만약 당신의 생각을 낯선 사람 100명과 공유한다면, 그들 모두가 내 생각에 동의할까? 당신이 누군가와 데이트를 할 정도로 매력적이지는 않다고 사람들에게 말한다고 가정해보자. 모든 사람이 만장일치로 당신 자신에 대한 그 인식에 동의할까? ('제 눈에 안경'이라는 말이 있지 않은가?) 당신이 가진 모든 신념에 집착하지 않으면 아주 멋진 일이 일어난다. 어떤 생각이 내게 부정적인 영향을 미치도록 내버려둘지, 아니면 보다 현실적이고 우호적인 방식으로 스스로와 대화할지 선택할 수 있다는 것을 알게 될 것이다.

다음은 당신의 생각을 평가하는 세 가지 방법이다.


1. 생각이 떠오를 때, 감정적인 요소가 있는지 자문해보자. 감정이 내게 영향을 미칠 뿐만 아니라 생각을 왜곡하고 조작할 수 있다는 사실을 기억한다.

2. 과학의 측면에서 생각해보자. 생각은 그저 뇌에서 뉴런들이 내보내는 전기 신호라는 것을 기억하고 머릿속에서 벌어지는 정신없는 수다를 걸러서 받아들이자. '생각'에는 주의 깊게 들을 만한 정보도 들어 있지만, 그렇다고 해

서 생각대로 행동해야 한다는 뜻은 아니다.

3. 생각 속의 '나'와 실제 나 사이에 거리를 유지한다. "실패할 거야"라고 말하는 대신 "실패할 거라는 생각이 들고 있어"라고 말해보자. 뇌가 부정적인 생각에 휘말리지 않도록 도울 것이다.

# 나의 생각에 반박하기

부정적인 생각이 들면 노트나 휴대전화를 꺼내 떠오르는 생각을 적는다. 그리고 이를 반박할 수 있는 세 가지 생각을 적어보자. 다음 예시를 참고하자.

생각 : 난 절대로 새로운 사람을 만나지 못할 거야.

반박 :

- 나는 미래를 알 수 없으므로 이것이 사실이라고 확신할 수 없다.
- 친한 친구에게 물어보면 누군가를 만날 수 있을 거라고 말해줄 것이다.
- 누군가를 만나는 일은 지금까지 있었던 일의 결과가 아니라, 다양한 요인들이 합쳐져서 일어나는 것이다.

추가 사실 확인 :

• 이 생각을 만들어낸 마음속 이야기는 무엇인가? → 나는 사랑받을 가치가 없다.

• 왜 이 생각이 떠오르자마자 동의했는가? → 셀프 악담이 내 전문이기 때문이다.

• 이 생각을 믿는 것은 삶에 어떤 영향을 미치는가? → 데이트하는 데 걸림돌이 된다.

• 내가 이 생각을 더 이상 믿지 않으면 무엇이 달라질까? → 좀 더 자신감을 풍겨서 좋은 사람들이 내게 매력을 느낄 것이다.

# 4

# 현재에 충실할 수 없어

## 마음챙김을 실천하는 법

I can never be
in the moment

당신만 그런 것이 아니다. 나는 심지어 아직 '예약하지도 않은' 여행을 가서 무엇을 입어야 할지 걱정하고 있다.

거의 모든 사람에게 현재의 순간은 수수께끼이자 찾기 힘든 마음속 오아시스다. 우리의 마음은 기본작동신경망[1] default mode network을 구성하는 일련의 뇌 구조 때문에 이리저리 방황하게 되어 있다. 우리는 자신에 대한 부정적인 생각에 집착하고 과거에 얽매이며 미래에 대해 불안해하는 자동조종장치autopilot 안에서 살고 있다. 우리 기본작동신경망의 대부분은 부정적인 생각과 두려움에 깊이 잠겨 있어, 마음의 휴식 상태는 사실 평온함과는 거리가 멀다.

---

1 사람이 인지 활동을 하지 않을 때, 즉 멍한 상태이거나 몽상에 빠졌을 때 활성화되는 뇌의 특정 부위

불합격한 구직 면접에서 '이렇게 해야 했는데, 이렇게 할 수 있었는데, 이랬으면 좋았겠는데'를 곰곰이 생각하고 되뇌며 기회를 놓친 자신을 책망한다. 여행을 가서는 심지어 첫 번째 호텔에 도착하기도 전부터 집에 돌아가야 한다는 사실에 우울해한다. 친구와 영화를 볼 때는 내용에 집중하는 대신, 최근 썸을 타기 시작한 상대에게 답문을 보낼 '적당한 타이밍'을 머릿속으로 생각한다. 그러다 갑자기 고개를 돌려 방금 무슨 일이 일어났냐고 다급히 묻는다.

마음은 방황할수록 제대로 주의를 기울이지 못하기 때문에, 삶에서 세세한 부분들을 더 많이 놓친다. 자동 조종 장치가 작동하고 있을 때는 부정적인 생각이 홍수처럼 밀려들 가능성이 크다. 이에 사려 깊은 혼잣말을 연습할 수 있을 만큼 충분히 현재에 집중할 수 없다.

## 마음챙김을 위한 공간 만들기

주의 산만함, 부주의함, 과거와 미래에서 길을 잃는 일은 모두 무서운 결과를 가져온다. 우리가 삶의 대부분을 생각에 잠겨 보낼 때, 우리는 그 생각의 내용에 좌우된다.

"마음챙김은 특정한 방식, 즉, 의도적으로 현재의 순간에, 판단 없이 세상에 주의를 기울이는 수련이다."

_ 카밧진Kabat - Zinn

마음에 주의를 기울인다는 것은 당신의 생각이 오가는 것을 관찰하고, 감정 상태에 따라 어떻게 변화하는지 알아차리고, 긍정적, 부정적, 중립적인 정서에 주목함으로써 지금 일어나고 있는 일을 인식하는 것을 의미한다. 현재의 순간 없이는 긍정적인 변화가 일어날 수 없다. 지금 이 순간은 우리의 자기 인식을 키우는 순간이다. 연습을 통해 우리는 의도적으로 현재의 순간에 주의를 기울이는 능력을 더 반사적으로 발휘할 수 있고, 우리 마음의 눈을 의도적으로 다른 곳으로 돌릴 수 있게 된다. 우리가 행동하는(악담을 시작하는) 순간, 바로 알아차리고 그 순간, 그곳에서 그 행동을 바로잡을 조처를 해야만 우리는 잘못된 사고 패턴을 바로잡을 수 있다.

마음챙김은 우리가 명확하고 수용적인 마음으로 우리 자신을 관찰할 수 있는 공간을 만든다. 문제적 습관을 일으키는 친숙한 신호를 알아차리게 되고 판단 없이 반응할 수 있게 되면, 우리는 부정적인 편견의 족쇄에서 벗어날 수 있는 능력을 키우게 될 것이다.

그러나 우리 두뇌가 초점을 맞추도록 진화한 것에서부터 의도적으로 멀어지려 하면서 우리의 인식을 반복해서 재설정하는 것은 결코 쉬운 일이 아니다. 우리는 시간을 되돌리거나 어떻게든 미래의 불확실성으로부터 우리 자신을 완벽하게 보호할 수 있기를 바라는 대신, 우리를 둘러싼 환경에 완벽히 몰두하기를 계속해서 선택해야 한다.

## 마음챙김의 마법

- 우리의 경험을 기반으로 판단하여 스트레스를 추가하지 않고 불편함이나 부정적인 점의 존재를 인정할 수 있게 한다. 우리의 생각, 감정, 행동을 판단하는 것은 스트레스와 부정성을 심화시킬 뿐이다.

- 우리 이야기에 휘말리지 않고 모든 것을 있는 그대로 받아들이도록 도와준다. 사물을 있는 그대로 보는 것은 우리에게 더 이상 도움이 되지 않는 이야기를 내려놓을 수 있는 자유를 준다.

- 감정 조절 능력을 높여준다. 우리의 생각이 부정적인

감정을 다시 불러일으킬 때 스스로 더 잘 알아차릴 수 있다. 감정의 속도를 늦추는 것은 우리가 불편한 감정적 경험의 강렬함에 휩쓸리지 않도록 도와줄 것이다.

• 자기 연민을 북돋아준다. 우리가 겪는 고통에 주의를 기울일 때, 우리는 '자기 판단' 대신 스스로에게 친절을 베풀 수 있다. 이것은 우리가 우리 자신과 관계를 맺는 방식을 근본적으로 바꾸고, 궁극적으로 긍정적인 효과가 우리의 구석구석으로 흘러 들어간다.

• 관계를 개선한다. 우리가 관계에서 행동하는 방식을 비판하지 않고 관찰하는 능력은, 갈등이나 어려움이 닥쳤을 때 우리의 자아가 걸림돌이 되지 않도록 돕는다. 대신 우리는 더 쉽게 자기성찰을 할 수 있고, 더 나은 의사소통을 할 수 있다.

## 마법 실천하기

마음챙김을 삶에서 실천할 수 있는 몇 가지 방법이 있다.

• 갈팡질팡할 때마다 계속해서 마음을 다잡자. 심호흡, 스트레칭과 같은 신체 활동, 주변에 있는 물건의 이름을 불러보는 것과 같은 방법을 활용해 마음을 현재 순

간으로 되돌려보자.

- 의식적으로 시간을 할애해 전자기기를 손에서 놓아보자. 걷거나 스트레칭을 하며 몸과 다시 연결되는 시간을 갖거나, 좀 더 조용한 활동(뜨개질, 퍼즐, 화분에 물 주기 등)을 해도 좋고, 당신이 좋아하는 반려동물을 쓰다듬는 것도 좋다.

- 즐거운 순간에 마음챙김을 수련하자. 우리의 마음이 자동 조종 장치를 더 쉽게 빠져나갈 수 있기 때문에, 우리가 좋아하는 일을 하거나 즐거울 때 마음챙김을 하는 것이 더 쉽다. 좋아하는 활동을 할 때는 잠시 멈추어 즐거움, 감사, 기쁨의 감각을 흠뻑 느껴보자.

- 앞에 있는 사람과 진정으로 연결됨으로써 그 사람을 받아들이는 시간을 가져보자. 바로 그 순간에 적극적으로 듣거나, 눈을 맞추거나, 무언가를 알아차리도록 노력해보자.

- 명상하자! 규칙적인 명상을 통해 우리는 판단하지 않고 우리 내면의 이야기를 관찰하는 법을 배울 수 있다. 곧 우리는 우리가 셀프 악담의 족쇄에서 벗어날 수 있는 모든 힘이 있음을 깨닫게 된다. 장담하건대,

하루 5분~10분의 명상이 당신의 외부 세계와 내부 세계와의 관계를 훨씬 더 낫게 바꿀 것이다.

'마음챙김'은 무언가 망했다 싶을 때만 하는 것보다는 매일 더 주의를 기울여 사는 것을 목표로 할 때 가장 효과적이다. '명상'이라는 개념이 많은 이들을 부담스럽게 할 테지만, 현재 순간에 몰두할 수 있는 재능과 능력이 이미 우리 안에 있다는 것을 기억하자. 마음챙김의 장점은 언제, 어떤 환경, 어떤 상황에서든 실천할수 있다는 것이다.

# 5

# 최악의 상황이 벌어질 거야

두려워하는 습관을 버리는 법

I just know
the worst will
happen

대학교에 입학할 무렵, 나는 최악의 시나리오를 짜는 데 가히 전문가였다. 오리엔테이션 당일, 온종일 앞가슴뼈에 심상치 않은 통증이 있었다. 해 질 녘이 되자 무시무시한 생각과 함께 갑자기 식은땀이 나고 호흡이 얕아졌다. 나는 분명 심장마비가 온 것이라고 확신했다. 백지장처럼 하얗게 질린 채로 거실로 나가 집주인에게 구급차를 불러달라고 했다. 구급대원들은 내가 안정 시 심박수resting heart rate[2]를 분당 190회로 측정했다. 그들은 내가 공황발작을 겪은 거라고 말했다.

그 후 몇 달 동안 더 많은 공황발작이 나를 괴롭혔지만 나는 자신을 진정시키는 부드러운 말들을 하는 대신, 나 자

---

[2] 평상시 운동을 하지 않은 안정된 상태에서의 심장 박동 수. 보통 60회~70회이다.

신을 겁주는 습관만 강화했다. 내 몸에 낯설고 찌릿한 통증이 느껴질 때마다 내 마음은 뇌졸중과 희소병(뇌막염은 늘 빠지지 않았다) 예측으로 복잡했고, 죽음이 코앞에 있다고 확신하곤 했다. 나는 온라인으로 나 자신을 진단하는 데 몇 시간을 소비하는 것 말고는 두려움에 대처하는 방식을 몰랐다. 파국 대회 같은 것이 있었다면 나는 분명히 시상대에 올랐을 것이다.

내 이야기는 이런 사고 함정의 극단적 버전의 예이긴 하지만, 누구도 미래에 일어날 수 있는 재앙에 대해 스스로 겁내면서 현재의 에너지를 소비하는 것을 원하지는 않을 것이다.

## 더 현실적으로 생각하기

파국을 생각하는 사람들은 우리에게 닥친 어려움의 심각성을 확대하고 대처하지 못하는 우리의 무능을 과장하는 경향이 있다. "나는 대처하지 못할 거야", "나는 괜찮지 않을 거야", "결국 잃게 될 거라는 걸 알아"와 같은 말들은 우리가 미래의 행동에 대해 무력하다는 것을 암시한다.

우리가 왜 최악의 상황을 가정하는 습관을 지니고 있는

지 그 이유를 정확히 이해하면 무력감을 강화하는 대신 회복력을 선택하는 데 도움이 될 수 있다. 최악의 상황을 가정하는 것이 당신에게 불확실한 미래에 대한 통제감을 주는가? 최악의 결과를 상상하면 마음의 준비를 할 수 있고, 실제 그 일이 일어나도 당신이 망가지지는 않을 거라고 믿는가? 좋은 일이 일어날 거라고 믿으면서 안일함에 빠지는 것이 두려운가?

아무리 노력해도 우리는 미래를 통제할 수 없으므로, 잠재적 재앙을 불러내며 기적적으로 사차원 세계를 해킹할 수 있는 것처럼 행동하는 일을 멈춰야 한다. 그것이 우리에게 도움이 될 것이다. 두려워할 것이 많은 세상에서 안전감을 갈망하는 것은 정상이다. 그러나 오지 않을 수도 있는 것을 준비하면서 지치거나 인생의 소중한 순간을 낭비하기보다 현재의 순간에 평화를 가져오는, 더욱 효과적인 방법이 있다.

다음은 재난을 두려워하는 습관을 버리고 현실적인 혼잣말을 시도해볼 방법을 자세히 설명하는 로드맵이다. 통제 불능인 걱정을 다룰 때 다음 단계를 연속적으로 따르거나 그때그때 접근하기 쉬운 단계부터 따라해보자.

첫째, 우리는 좋든 싫든 삶에서 불편하고 불쾌하며 심지어 두려운 일들이 일어난다는 것을 완전히 받아들여야 한다. 인간은 자연히 미지의 것을 두려워하지만, 최악의 상황을 예상한다고 해서 최악의 상황이 발생하는 것을 막을 수는 없다.

파국적인 생각이 드는 순간 자신을 붙잡는 연습을 하자. 가장 무서운 생각일지라도 생각은 단지 정신적 사건(초능력자의 예측이 아니다)일 뿐임을 인식하고, '생각'이라고 이름 붙이자. 생각을 알아차리는 것은 우리 두뇌가 그것들에 많은 권력을 주지 않도록 돕는다.

일단 이름을 붙이면 비합리적인 생각에 더 두려워하는 대신 안심하자. 위안이 되는 내면의 목소리를 사용해 '아, 그래, 또 비이성적인 뇌가 활성화되었구나. 나는 지금 안전해. 준비할 필요 없어'라고 말해보자.

시간을 내어 상황에 대한 모든 부정적인 결과와 그에 상응하는 반응을 보다 '현실적인 결말'로 작성해보자. 이렇게 하면 다음에 최악의 일이 일어날 거라고 생각하기 시작할 때 다른 응답을 떠올릴 수 있다.

더 현실적인 결말을 쓸 때, 최악의 시나리오에 성공적으로 대처하고 극복하는 것을 상상하자. 인간은 역경, 재앙, 중대한 어려움에 직면했을 때 몇 번이고 회복탄력성을 발휘했다. 당신도 그럴 것이다.

6

# 실패할 게 빤한데
# 시도할 필요 있어?

### 실패에 대한 인식을 바꾸는 법

I'll surely fail,
so why bother
trying

이런 시나리오를 상상해보자. 구직 사이트 페이지를 스크롤하던 중 꿈꾸던 일자리를 발견하고 손가락을 멈춘다. 지원 자격을 읽어보니 몇 가지 작은 예외를 제외하고는 당신에게 딱 맞는 일이다.

이제 늘 그렇듯 내부 비평가가 끼어든다.

'나는 완벽한 지원자가 아니기 때문에 절대 이 일자리를 얻을 수가 없어.'

당신은 당신보다 더 많은 경험을 가진 사람들과 경쟁하고 있다고 자신에게 말한다. 어차피 면접을 보더라도 망했을 거라고 셀프 악담을 조금 더 하고, 시도하지 않으면 거절의 고통에 대처할 필요가 없다는 것을 생각하며 조용히 자신을 위로한다.

'시도하지 않는 것'은 불확실한 세상에서 확실성을 보장하는 한 가지 방법이다. 잠재적인 당혹감과 수치심을 두려워하는 우리는 이런 잔인한 감정에 맞서려고 시도하거나 직면하는 것을 피하기 위해 최악의 상황을 예측한다. 우리의 예측이 낮은 자존감을 반영할 때 우리의 혼잣말은 비판적이고 사기를 떨어뜨려 우리를 마비시킨다.

실패에 대한 전반적인 두려움이 모든 영역에 스며 있다. 내가 일상의 루틴routine을 지킬 수 없을 거라고 확신하기 때문에 피트니스 센터 회원권을 끊지 않는다. 내가 똑똑하지 않다고 믿기 때문에, 흥미가 있더라도 어려운 수업은 듣지 않는다. 상대가 나를 선택하지 않을 것이라고 확신하며 데이트앱에서 내가 귀엽다고 생각하는 상대를 봐도 연락을 시도하지 않는다.

최소한의 노력을 기울이거나 전혀 시도하지 않는다는 것은 우리가 '충분히 ~하지 않았기 때문에 실패했거나 거부당했다는 사실에 직면할 필요가 없다'는 것을 의미한다. 내가 박사 과정에 지원할 때, 나는 일반적으로 요구하는 수년간의 경력이 없다는 것을 알고 있었다. 나는 내 지원서의 에세이를 전혀 교정보지 않았다. 불합격의 이유를 형편없는 에세이의 탓으로 돌리기를 원했기 때문이었다. (참고로 나는 그 해에 어떤 과정에도 합격하지 못했고, 이렇게 살아남아 이 이야기를 전하고 있다.)

실패에 대한 두려움은 생존을 위한 진화적인 관점과 깔끔하게 맞아떨어지는 인간 조건의 일부다. 우리 조상들에게 사냥에서 빈손으로 돌아오는 것은 굶주림의 위험을 의미했다. 하지만 실패는 살아 있는 동안 피할 수 없는 부분이고, 그것을 피하려고 계속 노력하는 것은 어리석은 일일 것이다.

우리가 전혀 노력하지 말라고 스스로 설득할 때, 우리는 우리의 잠재력을 제한한다. 위험을 무릅쓰지 않고서는 우리 능력에 대한 자신감을 쌓을 수도 없고, 인생의 함정에서 회복하는 법을 배울 수도 없다. 형편없는 결과를 예측하기를 포기하고 실패가 어떤 느낌일지 자세히 들여다보는 것을 멈추려면 많은 용기가 필요하다. 용기가 있다고 해서 두려움이 사라지는 것은 아니다. 우리는 그저 우리가 어쩔 수 없이 우리의 결점에 직면했을 때 생기는 '가슴이 철렁 내려앉는 기분', '얼굴에 오르는 열', '눈 뒤가 타오르는 듯한 느낌'을 견딜 수 있다는 것을 진심으로 믿어야 한다.

## 실패와의 관계 변화시키기

실패를 재정의하여 당신의 관점을 바꾸고 실패를 조금 덜 무서운 가능성으로 보자. '실패'는 무거운 단어지만, 꼭 그래야 할 필요는 없다. 걸음마를 배우는 아기는 첫발을 내딛기 전에 여러 번 비틀거리고 넘어진다. 과학자들은 원하는 결과를 얻기 전 실패한 실험을 많이 거친다. 실패를 매번 교훈이 되는 경험으로 보기를 선택하자.

원하지 않는 결과를 감당할 수 있다는 믿음을 갖자. 낮은 자부심이나 자존감은 우리가 또 다른 타격을 받을 수는 없다고 우리를 설득할지도 모른다. 하지만, 우리는 그러지 않으려고 열심히 훈련 중이지 않은가? 당신의 몸과 마음은 불편함을 참아낼 수 있는 능력이 아주 높다. 실패는 당신을 죽이지 않을 것이고, 당신의 자아상을 망치지도 않을 것이다.

당신이 실패를 기준으로 다른 사람을 정의하지 않는 것처럼, 횟수가 얼마나 되든 실패로 자신의 정체성을 정의하지 않기로 선택하자. 당신이 존경하는 누군가가 객관적으로 무언가에 실패했다고 생각하고 당신이 그들에 대해 어떻게 느끼는지 생각해보자. 당신은 그들의 실패를 판단하는가, 아니면 그들의 노력 의지에 감탄하는가?

기억하자, 우리는 외부와 단절된 상태에서 실패를 두려워하는 법을 배운 것이 아니다. 타인의 기대는 우리의 자의식에 있어서 잠재의식의 역할을 한다. 다행히도 대부분 사람은 자신에 대해 걱정하느라 너무 바빠 당신의 성공 여부를 신경 쓰지 않는다. 당신이야말로 자신의 가장 가혹한 비평가다. 만약 당신의 삶에서 당신의 성공률과 실패율을 판단하는 사람이 있다면, 그들이 당신에게 미치는 영향력을 다시 생각해봐야 할 때다.

> **Tip**　　　　　　　　　　　　　　　　　　···
>
> 패배를 상상하게 될 때마다 스스로 '그래서 뭐?'라고 생각하는 법을 연습하자. 우리가 결과에 대해 아무렇지 않게 생각하면 할수록, 우리는 무슨 일이 일어나든 상관없다는 것을 더 쉽게 확신하게 될 것이다.

# 7

# 삶이 끔찍해

어려운 현실을 받아들이는 법

Reality blows

맞다, 그렇다, 그리고 당신만 그런 생각을 하는 것이 아니다. 현실은 때때로 끔찍하고 그 현실을 피하기 위해서라면 우리는 무엇이든 할 것이다.

이 단어가 자주 사용되는 방식과는 달리, '수용'은 굴복이나 포기나 안주를 의미하지 않는다. 수용은 마음속에서조차 현실을 어떤 식으로든 판단하거나 바꾸려고 하지 않고, 현재의 순간에서 현실을 인정하거나 알아차리는 행위다. 우리가 현실을 있는 그대로 좋아하거나 사랑해야 한다는 의미는 아니다.

하지만 바로 여기서 어려움이 발생한다. 우리는 즐겁고 편안한 현실을 고집한다. 우리는 불협화음이나 혐오감을 원하지 않으며, 대신 좋아하고 사랑할 수 있으며 우리가 평화롭게 존재할 수 있는 현실을 원한다. 고통은 있는 그대로가 아닌 다른 현실을 원할 때 발생한다.

아주 간단한 예는 지하철이 아직 도착하지 않아 짜증 나는 경우다. 당신은 지하철 전조등이 보이는지를 가장 먼저 알아차리기 위해 플랫폼 가장자리에 서서 고개를 길게 빼는 사람 중 하나인가? 나는 그와 같은 사람들을 본 적 있다. 나는 지하공간의 분주함을 관찰할 수 있는 곳에 서서, 진실을 받아들이는 연습을 즐겨 한다.

'내가 아무리 요구하거나 원한다고 해도 지하철은 아직 도착하지 않았다.'

현실을 수용하기 위해 몸부림치는 것은 더 은밀한 형태의 공허한 혼잣말이다. 혼잣말이 늘 불친절한 말의 형태를 취하는 것은 아니다. 현재 상황이 얼마나 싫은지에 대해 곰곰이 생각하다 보면, 닥친 현실에 대한 다른 가능성에 얽매이게 된다. 어떤 것의 감정가가 높을수록 현재의 진실을 받아들이기가 더 어려워지는 경향이 있다.

예를 들어, 우리가 어떤 종류의 상실(우정, 이별, 죽음, 시간

등)을 경험할 때 수용은 불가능하며 심지어 불쾌하게 느껴질 수 있다. 우리의 마음은 새로운 현실을 받아들여야 한다는 고통을 피하려고 애쓰면서 꼼짝도 하지 못한다. 우리가 바꿀 수 없는 것들이 달라지기를 바라는 한, 우리는 부정, 혼란, 갈망, 고뇌 등 어떤 형태로든 고통을 경험하게 될 것이다.

## 현실의 근원적 수용

우리가 삶에서 어려운 일을 있는 그대로 받아들일 때, 우리는 온 정신과 몸과 마음으로 현재의 현실에 저항하기를 멈춘다. 나는 근원적 수용을 사해[3] Dead Sea에 떠 있는 느낌처럼 생각하기를 좋아한다. 우리 몸의 긴장을 풀어주고 소금이 수면에서 우리를 부드럽게 감싸는 순간이다. 우리가 해야 할 일은 아무것도 없다. 오직 존재할 뿐이다.

---

3 아라비아반도의 서북쪽에 있는 호수. 이스라엘과 요르단에 걸쳐 있으며 북으로부터 요르단강이 흘러들어오지만 나가는 데가 없고 증발이 심한 까닭에 염분 농도가 바닷물의 약 다섯 배에 달한다.

★ 인간이 고통에 반응하는 경향

1. 우리는 상황을 바꾸려고 노력한다.
2. 우리는 상황에 대처하기 위해 행동을 바꾸려고 노력한다.
3. 우리는 계속해서 비참하거나 불행하다고 느낀다.
4. 우리는 상황을 받아들인다.

★ 근원적 수용 시 주의사항

1. 현실은 있는 그대로이며 아무리 불쾌하고 어렵더라도 바꿀 수 없다.
2. 우리가 경험하며 살아가는 현실에는 원인과 이유가 있다.
3. 비록 고통의 경험은 피할 수 없지만, 그 경험을 예방하거나 줄일 수는 있다.

수용은 마음속에서조차 현실을 어떤 식으로든 판단하거나
바꾸려고 하지 않고, 현재의 순간에서
현실을 인정하거나 알아차리는 행위다.

# 수용 연습하기

- 당신의 삶에서 스트레스나 고통을 주었던 사건을 적어 보자. 왜 받아들이기 어려웠는지 그 이유를 찾아보자. 과 거로 돌아가 당신의 반응을 바꿀 수 있을지 자문해보자. (참고 : 당신은 타임머신을 탈 수는 없다.)

- 수용 선언서를 작성하자. (예 : 나는 우정이 끝났다는 것을 받 아들인다.) 단호하고 자신감 있는 어조로 수용 선언서를 큰 소리로 말하는 연습을 하고, 언제라도 기억할 수 있도 록 그 선언서를 적어두자. 자주 반복하도록 한다.

- 연습하는 동안에는 몸 전체의 근육을 의식적으로 이완 시키면서 심호흡(코로 들이쉬고 입으로 내쉬기)을 하자. 더 차분한 신체는 덜 저항적인 신체다. 덜 저항적인 신체는 덜 저항하는 마음이다.

당신이 언제든 '하지만 받아들일 수 없어'라는 생각이 든다면, 다음 질문에 답해보자.

"일어난 일에 대한 명백하고 확실한 사실들은 무엇인가?"

인식, 의견, 판단은 배제하고 "현실에서 그런 일이 일어났는가?"를 물어보자. 억지로 하지 말고, 아무렇지 않게 "그래"라고 답하자. 조금이라도 다른 어조를 들으면, 나는 내담자들에게 다시 말하라고 요청한다. 마지막으로 "그래, 그건 내 현실의 일부야"라고 말하는 것으로 끝을 맺는다. 짠!

# 8

# 생각과 감정을
# 분리하지 못하겠어

생각과 감정에 거리를 두는 법

Separating
from my
thoughts and
emotions feels
impossible

생각과 감정은 압도적이며 어마어마하게 설득력이 있을 수 있다. 그러나 우리는 생각과 감정의 내용이나 영향력이 아니라, 그 둘을 경험할 때 나타나는 우리의 '불안정한 반응' 때문에 어려움을 겪는다. 부정적인 마음이나 기분 상태를 부풀리기만 하는 우리의 생각과 감정을, 단순한 정보로 취급하지 않고 자신과 지나치게 동일시하는 경향이 있다. 이는 우리가 이러한 내면의 경험을 객관적인 렌즈로 보는 대신 생각의 의미와 감정의 강도에 과도하게 사로잡힌다는 것을 의미한다. 그 순간 우리는 생각하고 있거나 느끼는 것과 동화되어 현명하고 합리적인 결정을 내리는 데 필요한 관점을 갖기 어려워진다. 또한 과도한 동일시는 모든 것이 일시적인 것임에도 불구하고 영구적인 것처럼 느끼게 한다.

인간으로서 우리의 '자아감'은 우리 경험의 중요한 부분이다. 그러므로 우리가 주장하는 (그리고 우리에게 할당된) 정체성과 우리에게 내재하여 있는 역할로부터, 우리 자신을 분리하는 것은 종종 투쟁이 된다. 예를 들어, 우리의 성격, 진로, 행동의 요소들은 단지 복잡한 퍼즐의 한 조각이 아니라 우리 자신의 전체가 된다.

우리가 불안에 시달린다면, 우리는 자신을 '불안해지는 사람'이라고 생각하는 대신 '불안한 사람'이라고 부를지도 모른다. 만약 외모나 몸무게로 괴롭다면, 우리는 다른 방법으로 자신을 정의하기 위해 고군분투하며 자랄지도 모른다. 누군가가 우리를 사랑하지 않는다고 말하면 누군가에게 '사랑받을 수 없다'라고 믿게 되고, 더 많은 자멸적인 말들이 빠르게 뒤따른다.

이런 식으로 혼잣말을 하는 것이 해로운 몇 가지 이유가 있다. 이미 잘못된 핵심 신념('나는 세 번이나 헤어졌어. 내게 문제가 있는 것이 분명해')을 더욱 굳힐 수 있다. 또한 꼬리표 붙이기('괜히 부족하다고 생각하는 게 아니야. 나는 부족한 사람이야')를 통해 우리의 에너지를 빼앗을 수 있다. 그리고 우리가 어떠한 사람('나는 늘 이런 식으로 반응했어, 나는 원래 이래')

이기 때문에 변화할 수 있지 않을 것이라는 신호를 우리의 뇌에 보낸다.

내 가족 대부분은 내가 '너무' 솔직하고 감정적이며 예민하다고 생각했다. 내게 직접 그런 말들을 하기도 했다. 나는 내 표현력에 대해 스스로 의식하게 되었고, 친구들과 어울릴 때마다 내가 너무 시끄럽거나 말을 너무 많이 하지 않았을지 엄격하게 따져보느라 걱정이 가득했다.

나는 정말 할 말이 많았고, 가끔은 아주 열정적으로 시끄럽게 떠들기도 했지만, 친구들이 어쩌면 나를 못 견디고 있을지 모른다는 두려움을 떨쳐버릴 수가 없었다. 나는 내가 확신하는 내 모습(불쾌하고, 지나치게 감정적이고, 견디기 어려운 사람)을 드러내지 않기 위해 조용해지기 시작했다. 나의 약점을 불편해하는(물론 그때는 몰랐다) 사람들의 비판은 두려움에 휩싸인 일련의 생각이 되어 내 정체성으로 자리 잡았다.

## 자각의 중요성 알기

스스로의 생각이나 신념과 과잉 동일시했을 때, 이러한 과정을 멈추기 위해 주의를 기울여야 한다. 마음챙김 연습은 내적으로나 외적으로나 부정적인 경험에 대해 비판하지 않는 것과 균형 잡힌 접근이 필요하다. 주의를 조금만 더 기울이면, 자신의 생각이나 감정을 무시하거나 과장하지 않게 된다. 감정이 강렬하게 우리 몸에 영향을 주더라도, 망할 자아상이 쉽게 우리를 장악할 수 있더라도, 이것들은 지나가는 일시적인 상태라는 것을 기억하자. 그들은 우리의 존재 전체를 대표하지 않는다.

기본 모드에서 우리의 마음은 드라마 퀸drama queen[4]이 될 수 있다. 예를 들어, 동료가 뒷담화해오고 있었다는 것을 알게 된다면, 당혹감이나 분노 같은 감정에 압도되는 반사작용이 있을 수 있다. 업무 회의 중에 당신이 한 말이 잘못 받아들여지지 않을까와 같은 이유로, 아주 짧은 시간에도 생각의 소용돌이에 휩싸이게 된다. 대신 당신에 대한 사람들의 인식이나 의미에 힘을 부여하지 않는 것을 목표로 삼자. 사람들의 빌어먹을 이야기를 개인화하는 대신, 너무 화를 내거나 그 이야기가 당신의 자아감에 영향을 주도록 놔

---

4 작은 문제를 가지고 과장하거나 엄살 부리는 사람

두지 않고, 단순히 그들의 행동을 인식하는 방식을 선택할 수 있다.

일단 우리가 우리 자신(생각, 감정, 감각)을 너무 심각하게 받아들인다는 것을 인식하게 되면 우리의 혼잣말이 바뀔 것이다. 그러나 그 개념을 이해하는 것만으로는 충분하지 않다. 우리는 부정적인 내면의 대화와 어려운 감정에 대해 의문을 제기하고, 무시하고, 다른 각도에서 바라보고, 관찰하고, 수용할 수 있다는 것을 상기시킴으로써 철학을 구체화해야 한다. 마음이 만들어내는 현상을 통제할 수 없다는 것을 아는 것은 강력하다. 마치, 날씨와 같이 때로는 비가 오고, 때로는 눈이 내리고, 때로는 태양이 빛난다. 그냥 그런 것이다.

> **Tip** •••
>
> '나'를 버리자. "너는 네가 호감이 가지 않는 사람이라는 생각을 하고 있어"라고 삼인칭으로 혼잣말을 해보자. 당신의 뇌는 이 상태에서 생각이나 감정이 되지 않을 더 객관적인 공간을 제공한다.

# 통찰력 확보하기

종이 한 장을 집어 '상황', '과잉 동일시', '독수리의 눈Eagle Eye(독수리는 하늘 높이 날아올라 아래로 보이는 땅의 축소된 이미지를 얻는다. 이것을 뇌가 더 많은 공간과 객관성을 창조하도록 돕는 방법으로 사용하자. 다른 새로 대체해도 좋다)' 세 부분으로 나누자. 이제 자신의 과잉 동일시 경험을 인식하는 연습을 하자. 당신을 괴롭혔던 최근의 상황을 생각해보자. 첫 번째 섹션에서는 상황을 자세히 설명한다. 두 번째 섹션에서는 당신이 과동일시한 상황(예 : 계기가 된 핵심 신념이나 두려움)과 그것에 대해 어떤 식으로 혼잣말하는지 설명한다. 마지막 섹션에서는 줌 아웃zoom out(카메라 줌 렌즈의 초점 거리를 조절해 피사체로부터 멀어지는 듯한 효과를 주는 것-옮긴이)하여 객관적인 관점에서 상황을 설명한다.

다음은 하나의 예다.

상황 : 내 친구는 내가 놀자고 했을 때 답장을 하지 않았다. 이는 평소와 다른 반응이었다. 최근 친구는 (나는 몇 번밖에 본 적 없는) 그의 직장 동료와 많은 시간을 보내고 있다. '나 하나로는 부족한 것일까' 하는 두려움이 폭발하고, 새로운 친구를 사귀었기 때문에 더 이상 나와 친구가 되고 싶어 하지 않는 것일까 하는 생각이 든다.

과잉 동일시 혼잣말 : 친구는 고등학교 때부터 나와 가장 친했다. 우리는 모든 것을 함께 했는데 지금은 직장에서 이 사람을 만났고 갑자기 나와 예전처럼 같이 많은 시간을 함께 보내지 않는다. 나는 종종 불안으로 힘들어하는 사람이라 아마 직장 동료는 나보다 훨씬 더 어울리기 편한 사람일 것이다. 친구는 오늘 아침 내 문자에 여전히 답장을 보내지 않았다. 나는 친구가 더 이상 나와 친구가 되고 싶지 않아 한다는 것을 깨닫고 있는 것 같다.

객관적인 관점 : 친구는 나와 가장 친하며 우리는 거의 10년 동안 알아왔다. 우리는 대학을 같이 다녔고 친구는 늘 내 곁에 있어주었다. 우리는 며칠 전 밤에 같이 놀았는데 정말

좋았다. 비록 우리 둘 다 일로 바쁘지만 우리는 꽤 자주 보는 편이다. 만약 친구가 답장을 보내지 않았다면, 아마 그럴 만한 정당한 이유가 있을 것이다. 친구가 나를 버릴 것이라는 어떤 증거도 없다. 나는 또한 친구가 지금까지 약간 소외된다고 느꼈던 직장에서 누군가와 잘 지내고 있다는 사실에 안도할 수 있다.

위의 예에서, 이 사람은 자신의 경험에서 순수한 부분(가장 친한 친구가 새로운 친구를 사귀었으며 문자 답장을 안 하고 있다는 것)을 취하고 정보를 통해 추론하여, 이제 두 사람의 우정에 의미 없는 이야기를 만들어냈다. 이렇게 생각하는 대신 한발 물러서서 누구든지 새로운 친구를 사귀는 것은 정상이며, 답장 없는 문자 하나가 자신의 자존감에 그렇게 큰 영향을 미칠 필요가 없다는 것을 깨닫는 편이 좋다.

# 9

# 이 생각을
# 멈출 수가 없어

### 생각의 고리를 끊어내는 법

I can't stop
thinking about
this

머리로 해결할 수 없는 문제를 풀어나가는 제일 나은 방법이 그 문제를 반복해서 곰곰이 생각하는 것이라면 정말 짜증이 날 것이다.

우리 생각의 고리는 속상하거나, 미완성이거나, 불확실한 상황에 대한 거짓 정보를 제공한다. 우리가 모르는 것에 대한 참을 수 없는 불편함으로부터 스스로를 보호하기 위해, 우리 뇌는 과거의 시나리오와 미래의 걱정을 끊임없이 재생할 수 있다.

생각의 고리는 종종 우리가 아직 수용할 준비가 되지 않았거나, 수용할 의지가 없다고 느끼는 어떤 현실을 받아들이지 못하게 한다. 반복적인 생각에 빠져들면 왠지 우리가 어떻게든 해결할 수 있고, 바로잡을 수 있고, 시간을 거슬러 올라가고 재확인하거나, 자신을 안심시킬 수 있다고 느끼게 하기 때문에 기분이 좋을 수 있다. 하지만 비효율적이고 지치는 일이다.

머릿속에서 끊임없는 대화를 반복하지 않는다면, 혹은 며칠 동안 결과를 두려워하지 않고 상황이 전개되도록 내버려둔다면 얼마나 많은 시간을 돌려받을 수 있을지 상상해보자. 나는 적어도 3년은 되찾을 수 있을 것 같다.

### 생각의 고리 벗어나기

당신의 정신 습관을 바꿀 때, 당신의 생각이 언제나 맞는 건 아니라고 이해하는 것만으로는 충분하지 않다. 나 자신에게 말하는 '습관을 바꾸는 것'이 필요하다. 생각의 고리에 갇혔을 때 알아채고 방향을 바꾸는 법을 배워야 한다.

자신이 생각의 고리에 갇힌 것을 알아차렸을 때, 그 순간 반추의 기능이 무엇인지 묻는 것이 도움이 될 수 있다. 인간은 일반적으로 다음에 대해 반추한다.

- 해결될 수 없는 문제
- 해결되지 않았거나 불편하게 생각하는 과거의 경험이나 행동, 또는 우리가 했던 행동이나 말을 다시 확인

하기 위해 같은 경험을 다시 할 수 있기를 바라는 것
- 계획을 세우거나 미리 생각하는 것을 포함하는 생각들. 반복해서 생각하지 않으면 어떻게든 잊어버릴까 걱정되는 세부사항들
- 우리가 두려워하거나 초조해하는 미래의 사건에 대해 걱정하는 것

그러나 지금쯤이면 생각의 고리에 갇히는 것이, 실제로 어떤 기능도 제공하지 않는다는 사실을 알게 되었을 것이다. 정반대로, 생각의 고리는 우리를 지치게 하고 귀중한 에너지를 고통스럽게 소비하도록 만든다.

## 스스로 벗어나기 - 단계별 연습

자신이 계속해서 같은 생각을 반복하고 있다면, 다음 단계를 따르자.

1. 반복되는 생각에 '생각의 고리' 또는 '반추'라고 이름 붙인다.

2. 가능한 한 많은 생각을 적는다. 특정한 생각의 고리가 돌아오면 머릿속에서 반복하는 대신, 쓴 것을 보고 읽을 수 있도록 목록을 만들자. 그것을 당신이 잃고 싶지 않은 생각들의 기록이라고 생각하자.

3. 당신이 갇혀 있는 고리의 기능에 대해 생각해보자. 당신은 불확실성이나 잠재적으로 고통스러울 수 있는 무언가로부터 자신을 보호하려고 노력하고 있는가? 당신의 생각으로 욕구를 충족시키고 있는가? 과거에 일어났던 일에 대해 누군가가 들어주거나 검증해주었으면 하는

욕구인가? 당신이 해결하고자 하는 문제가 있는가?

4. 현실을 있는 그대로 받아들이는 연습을 하자. 만약 당신이 과거의 어떤 것을 놓아주려고 애쓰고 있다면, 당신이 그것을 바꿀 수 없다는 것을 인지하고 '나는 이 일이 일어났다는 것을 받아들인다'라고 자신에게 말해보자. 당신이 어떠한 불확실함을 견디는 데 어려움을 겪고 있다면, 자신에게 '나는 인생 대부분이 불확실하다는 것을 받아들인다'라고 말해보자.

5. 마지막으로, 목적이 있거나 즐거운 다른 일을 하며 바쁘게 시간을 보내자. 당신을 만족시키는 현재의 무언가에 마음을 쏟는다면, 생각의 고리에서 벗어나는 데 도움이 될 것이다.

6. 생각이 돌아오는 것을 알아차릴 때마다, 자신에게 부드럽게 상기시키자.

'나는 이미 이 생각을 충분히 해봤어. 더 이상 이것에 대해 생각해도 아무것도 바뀌지 않을 거야.'

**10**

# ~할 수 없어

## 자신의 능력을 믿는 법

I can't…

우리가 제한 없이 자주 사용하는 말이 있다. 마치 고양이가 우리를 깨우지 않고 침대 위로 뛰어올라 우리 발밑에서 잠을 청하듯, 자연스레 우리에게 스며든 말이다. 아래는 우리가 무심코 던지는 몇 가지 말들의 예다.

- …할 수 없어.
- …를 이해할 수 없어.
- … 생각을 멈출 수가 없어.
- …할 마음이 나지 않아.
- …를 상상할 수 없어.
- …를 포기할 수 없어.
- …하는 방법을 알 수 없어.
- …에 대한 죄책감을 멈출 수 없어.

'할 수 없어.' 거의 무의식적인 이 단어의 사용은 우리의 두뇌에서 사라지지 않는다. 일단 뇌에 입력되면, 의미를 담당하는 뇌 구조가 '할 수 없어'의 사전적 정의대로 움직이고 신속하게 당신의 명령에 복종한다.

때때로 우리는 스스로가 무언가를 할 수 없다고 진심으로 확신한다. 내가 듣는 두 가지 흔한 말은 "그 생각을 멈추려고 노력했지만, 도저히 그럴 수 없었어요"와 "저는 이 일을 절대로 극복할 수 없어요"이다. 우리는 우리의 삶을 조금 더 편안하게 하고, 우리의 마음을 조금 더 조용하게 만드는 데 필요한 노력을 스스로 내려놓는다.

상담을 할 때, 나는 기회를 놓치지 않고 끼어들어 이렇게 말한다.

"할 수 있어요. 당신은 할 능력이 있습니다."

이와 같이 강조한 다음, 내담자에게 그들이 실제로 말하려는 것이 무엇인지 물어본다.

## 할 수 있다고 말하기

혼잣말에서 '할 수 없다'라는 말을 사용하는 자신의 모습을 쉽게 알아차리고 나면, 내가 언제 이 단어를 사용하는지 궁금해진다. 미래나 과거를 생각할 때인가? 자존감이 떨어졌을 때인가? 당신이 충분한 능력이 있을 때도 '할 수 없어'라고 말하면서 당신의 경험이나 성장을 제한시킨 적이 얼마나 자주 있었는가?

이 상황에서 당신이 할 수 있는 것을 확실히 하자. 때로는 정말로 통제할 수 없는 일들이 있지만, 정신적 습관에 있어서는 그렇지 않다는 것을 지금쯤이면 알게 되었을 것이다. 더욱 긍정적인 언어를 지속해서 연습하면, 결국 새로운 신경 경로가 형성된다. 낙숫물이 바위를 뚫는 것처럼 말이다.

# 의미하는 바를 말하기

'할 수 없다'는 보통 '하고 싶지 않다', '시도했지만 실패했다', '준비가 되지 않았다', '하기 너무 어렵게 느껴진다', '너무 두렵다'와 같은 말이라는 것을 기억하자.

몇 가지 예를 들어보자. a는 우리의 '할 수 없다' 문장을 나타낸다. b는 우리가 정말로 의미하는 것을 말할 수 있는 여러 방법 중 하나가 될 것이다.

a. 나는 그녀/그/그들을 잊을 수 없다.
b. 나는 아직 그 경험으로 인한 고통을 제대로 다루지 못했기 때문에 앞으로 나아가는 것을 상상하기 어렵다.

a. 나는 부모님 곁에 있을 수 없다.
b. 나는 부모님과 시간을 보내지 않기로 선택함으로써 내 감정을 보호하고 싶다.

a. 죄책감을 멈출 수가 없다.

b. 나는 내 실수에 대해 자기 연민을 갖기 위해 애쓰고 있다.

이제 당신 차례다! 당신이 하는 전형적인 '할 수 없다' 문장 다섯 가지를 골라 위의 형식을 따르도록 하자. 이러한 혼잣 말은 아무리 하찮은 것처럼 보여도, 당신의 힘을 빼앗는다는 것을 기억하자. 잘 모르겠으면 그냥 '할 수 없다'를 '정말 하기 어렵다'로만 바꿔도 좋다.

어느 시점에서든, 특히 신념이 나를 해치고 제한할 때 나는 다른 것을 택할 수 있다. 처음에는 스스로에게 거짓말을 하는 것처럼 느껴질 수 있다. 이는 습관을 바꾸는 과정에서 지극히 정상적인 일이므로 계속해서 연습해보자. 시간이 지나면 당신의 새로운 진실이 꽃피기 시작할 것이다.

·

# 마음속 착각의 말들

No More
Talking Shit

# 11

# ~해야 해

비판과 자책의 말을 멈추는 법

I should···

나는 상담 시간에 내담자들의 '언어 사용'에 까다로운 편이다. 나는 내담자들에게 '해야 한다'라는 고약한 말을 얼른 거둬들이라고 말한다. 그러면 곧 대부분의 내담자들은 내가 먼저 선수 치기 전에 스스로 말을 바로잡기 시작한다. 또다시 나의 '설교'를 듣고 싶어 하지 않기 때문이다. 나는 그들에게 다 안다는 듯한 표정을 보이며, 엄지손가락을 치켜든다. 모두가 이기는 상황이다.

'해야 한다'는 혼잣말의 단골손님이다. 예상치 못한 이 악당은 우리에게 무언가를 하거나 무언가가 되어야 한다는 것을 상기시켜주는 방식으로 나타난다.

• 나는 더 건강해야 한다. 피트니스 센터에 가야 한다. 몸에 좋은 음식을 먹어야 한다.

- 나는 더 생산적으로 일해야 한다. 미루기를 멈춰야 한다.
- 나는 스스로 이것을 극복해야 한다. 해내야 한다.
- 나는 이것을 이겨내야 한다.
- 지금쯤이면 다 잊었어야 한다.
- 나는 더 (원하는 습관) 해야 한다. 덜 (원치 않는 습관) 해야 한다.
- 나는 더 독창적이어야 한다. 창의적이어야 한다. (원하는 형용사)이어야 한다.

'해야 한다'는 현재보다 더 나은 삶의 방식이 있다는 것을 암시하며, 우리는 변화를 향해 나아가지 않은 것에 대해 자신을 스스로 비판하게 된다. 종종 '해야 한다' 발언은 이상적이고 달성할 수 없어서, 우리는 더 불안해지고 열등감과 죄책감을 느끼게 된다.

물론 너무 어렵게 생각하지는 말자. 때로는 '해야 한다'가 당신의 요점을 전달하는 가장 간단한 방법일 수도 있다. 하지만 당신 자신을 자책하는 데나 당신이 하지 않은 일에 대해 반추하기 위해 사용할 때는 조심할 필요가 있다. 진심으로, 그러면 안 된다.

## '해야 한다'와 작별 인사하기

★ '해야 한다' 발언을 뒷받침하거나 발언과 반대되는 증거를 검토하자.

당신 생각의 진실성을 탐구할 기회다. 예를 들어보자면 이렇다.

'지금쯤이면 이 일을 훨씬 더 잘해야 해.'

내가 더 앞서 나가야 한다는 증거는 무엇인가? 누구의 말에 근거한 것인가? 무엇 때문에 앞으로 더 나아가지 못했는가? 기죽지 않고 그 자리까지 도달할 방법은 있는가?

★ 당신의 부족함을 받아들이고 당신의 인간성을 포용하자.

물론 우리 삶에는 무언가를 다르게 했더라면 긍정적인 자기 성장으로 이어졌을 많은 순간이 있다. 그러나 우리가 완벽한 존재가 아니라는 것을 기억하는 편이 현명할 것이다. 우리는 언제나 최선의 이익을 위해 행동하지는 않으며, 그것이 모두 인간 조건의 일부다.

★ 지금 들고 있는 잣대를 내려놓자.

종종 '해야 한다'는 비교에서부터 나온다. 이 사회에서 압력이 존재하지 않는다는 의미는 아니지만 궁극적으로 다른 사람의 경험, 자질, 결점을 우리가 어떻게 되어야 할지에 대한 잣대로 삼는 것은 우리의 선택이다.

★ 죄책감을 없애고 책임감을 느끼자.

'해야 한다'는 우리가 무언가 나쁜 일을 했거나, 잘못했거나 충분히 하지 않았다는 것을 의미한다. 설령 그렇다고 하더라도 더 나은 방향으로 나아가려면 어떻게 하면 좋을까? 우리가 진정으로 원하거나 변화가 필요할 때, '죄책감'은 우리를 무력화시킬 수 있다. 대신 '원한다'나 '할 것이다'와 같이 더 동기부여가 되는 언어를 사용하고 판단하는 것이 더욱 도움이 된다.

★ '해야 한다'를 좀 더 생산적이고 현실적인 혼잣말로 대체하자.

정말로 하고 싶은 말이 무엇인가? 예를 들어 '나는 이미 두려움을 극복했어야 해'라고 생각했다면, 그 대신 '두려움을 느끼는 것은 정상적인 일이다. 나는 좀 더 용기를 내기 위한 단계를 밟고 있다. 변화에는 시간이 걸린다'라고 말해 보자. 좀 더 이해심 있는 접근법은 놀라운 효과를 발휘한다.

# 12

# 실패 후 다시 도전하는 건 너무 힘들어

## 다시 도전하고 잘 실패하는 법

Trying
again is too
overwhelming
after failing

스스로를 거지 같은 존재라고 생각하며, 실패를 그대로 받아들일 줄 모르는 내담자들이 있다. 그들이 위험을 감수하고 열심히 노력했음에도, 원하는 결과를 얻지 못한 이야기를 할 때면, 나는 숨이 막힌다. 이런 이야기는 미래의 도전을 가로막는다. 또한, 긍정적인 결과가 보장되지 않은 상황에서 과감히 뛰어들 수 있는 용기를 내지 못하게 한다. 우리는 판단을 두려워하고 가능하면 피하도록 설정되어 있다.

리얼리티 방송 프로그램의 흔한 주제 중 하나가 실패한 로맨스다. 원래 데이트 세계라는 것이 종종 수많은 사람의 사기를 꺾는 대혼란의 세계가 될 수 있다는 것은 상식이다. 그럼에도 몇 번의 시도 이후에는, 데이트 실패를 개인적인 실패로 받아들이지 않기란 매우 어렵다. 좌절한 이들은 모두 "내가 계속해서 잘못된 선택을 하는 것이든, 좋은 사람들이 나를 선택하지 않는 것이든, 이제 노력하지 않을래"라고 말한다. 우리는 모두 머릿속에 증거로 가득한 책 한 권씩을 들춰본다. 망한 데이트, 잠수 탔던 상대들, 몇몇 거절들 등등. (나 역시 지난 5년간의 온라인 데이트 실패담이 있지만, 이 내용은 나의 자서전을 위해 아껴두도록 하겠다.)

우리 각자에게는 위험이 크고, 자아상이 망가질 수 있으며, 성공과 실패 사이의 오차범위가 매우 좁은 특정한 영역이 있다. 만약 우리의 자존감이 결과와 밀접하게 연관되어 있다면, 실패 경험을 견디는 능력은 매우 낮을 것이다. 폭우로 인한 산사태처럼 부정적인 생각이 우리의 마음을 가득 채우고, 실망, 당황, 두려움, 수치심과 같은 고통스러운 감정들이 내 마음을 지배한다. 자신을 스스로 위로하는 대신 내가 이것을 얼마나 망쳤는지, 망친 것을 누가 봤는지, 누가 보게 될지, 어떻게 하면 다시는 실수하지 않을지에 초점을 맞춘다. 인간의 자기중심주의 덕분에, 우리는 다른 사람들이 실제보다 우리의 단점에 대해 훨씬 더 신경을 많이 쏜다고 믿는다. 다시 실패할지 모른다는 두려움이 감당하기 어려울 수 있지만, 우리를 두렵게 하는 것으로 인해 자기 성장의 기회를 희생할 필요는 없다. 그보다는 『고도를 기다리며』의 극작가인 베케트Beckett의 지혜를 따르는 편이 좋을 것이다.

"다시 시도하라. 또 실패하라. 더 잘 실패하라."

# 더 잘 실패하는 법

두려움을 피하고 실패에 대한 생각을 바꾸려면 다음과 같은 방법을 시도해보자.

인식을 쌓자.

실패를 어떻게 정의하는가? 다시 실패할까 두려운 이유가 무엇인가? 아무리 작은 것이라도 성공을 경험한 경우는 무엇이었는가? 성공 목표는 합리적이고 현실적인가? 어떤 비교나 완벽주의가 작용하고 있는가?

멀리 보자.

아흔 살이 되어 수국에 물을 주려고 몸을 굽히다가 틀니가 빠질 때 실패가 중요할까? 1년만 지나도 이게 여전히 문제가 될까? 우리가 사랑하는 사람들이 우리를 원망할까?

실패를 정상이라고 생각하자.

인간이라면 누구나 실패 경험이 있다. 실패가 외롭게 느껴질 수 있지만 꼭 그럴 필요는 없다. 전 세계 80억 인구가 동시에 여러 가지 일에서 실패하는 모습을 상상해보자.

자기 연민을 실천하자.

우리의 어려움을 인정하고 그 순간 자신을 달래는 데 필요한 일들을 더 많이 하자. 실패는 아플 수 있다. 고통의 경험은 자기 연민과 만났을 때 우리에게 중요한 것을 포기하지 않을 가능성을 더 높일 것이다.

그 순간을 교훈으로 삼자.

실패에서 무엇을 배웠는가? 무언가가 우리 뜻대로 되지 않을 때마다 자신에게 물어보자. 내가 이것에서 무엇을 얻을 수 있을까?

다음 페이지의 플로차트flowchart를 사용해 실패 경험을 탐색해보자.

# 실패 플로차트

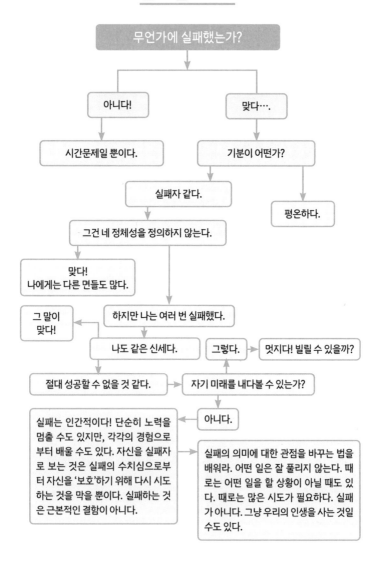

무언가에 실패했는가?

아니다!

맞다….

시간문제일 뿐이다.

기분이 어떤가?

실패자 같다.

평온하다.

그건 네 정체성을 정의하지 않는다.

맞다!
나에게는 다른 면들도 많다.

그 말이
맞다!

하지만 나는 여러 번 실패했다.

나도 같은 신세다.

그렇다.

멋지다! 빌릴 수 있을까?

절대 성공할 수 없을 것 같다.

자기 미래를 내다볼 수 있는가?

아니다.

실패는 인간적이다! 단순히 노력을 멈출 수도 있지만, 각각의 경험으로부터 배울 수도 있다. 자신을 실패자로 보는 것은 실패의 수치심으로부터 자신을 '보호'하기 위해 다시 시도하는 것을 막을 뿐이다. 실패하는 것은 근본적인 결함이 아니다.

실패의 의미에 대한 관점을 바꾸는 법을 배워라. 어떤 일은 잘 풀리지 않는다. 때로는 어떤 일을 할 상황이 아닐 때도 있다. 때로는 많은 시도가 필요하다. 실패가 아니다. 그냥 우리의 인생을 사는 것일 수도 있다.

# 13

# 자주 죄책감이 들어

죄책감에서 벗어나는 법

I guilt myself
often

우리는 인간이다. 때로는 일을 말아먹는다.

그리고 그보다 더 자주, 우리는 일을 말아먹었다고 '생각' 한다. 거의 항상, 우리의 마음은 그 말아먹은 것을 '확대'한다.

죄책감은 빠르면 3세 정도, 우리가 자아를 의식하기 시작하는 발달 단계에서 나타날 수 있다. 죄책감은 우리가 잘못했거나 해로운 일을 했다고 믿거나 인식할 때 느끼는 감정이다. 우리가 느끼는 부조화는 사과나 행동 변화를 통해 상황을 바로잡도록 우리가 자신을 스스로 압박하는 데서 오는 것이다. 따라서 당신이 가끔 죄책감을 느낀다면 사이코패스는 아니라고 생각해도 좋다.

만성적인 죄책감에 사로잡힌 사람은 자신의 행동이 다른 사람에게 상처를 줄 거라는 믿음이나 두려움 때문에 생긴다. 이에 잘못된 고통을 겪거나, 자신이 인식한 잘못에 대해 어느 정도의 책임이 있는지를 과대평가한다. 죄책감을 느끼는 이유가 타당한지에 상관없이, 행동은 과도한 사과에서 회피에 이르기까지 다양할 수 있으며, 대부분은 타인에게 좋은 사람으로 인식되지 않을 수 있다는 두려움에서 비롯된다.

## 다 잊어, 'LET IT GO!'

〈겨울왕국〉의 주제가가 이 문구를 망쳐놓은 것 같긴 하지만, 사실 죄책감을 다루는 데 관한 우리의 새로운 철학에서 신뢰할 수 있는 검증된 주문이다. 우리가 잘못을 저질렀을 때, 죄책감이 '일시적인' 감정이 되도록 하자. 너무 오랫동안 죄책감에 빠지면 이 때문에 회복에 필요한 조처를 하지 못하게 되고, 무언가를 하기보다 자신을 탓하는 데 더 많은 시간을 보내게 된다.

달리 잘못한 것이 '없는데도' 여전히 죄책감을 느끼는 경우, 다음의 플로차트를 따라가보자.

# 죄책감에서 벗어나는 법

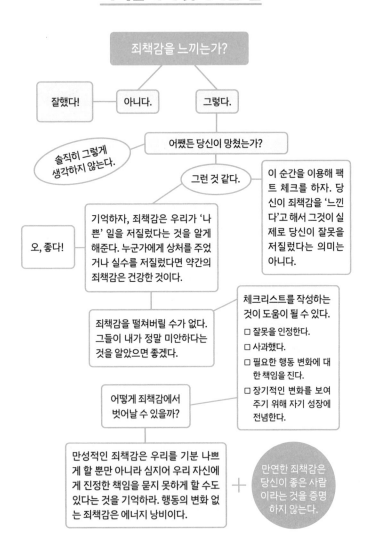

죄책감을 느끼는가?

잘했다! — 아니다. — 그렇다.

솔직히 그렇게 생각하지 않는다.

어쨌든 당신이 망쳤는가?

그런 것 같다.

이 순간을 이용해 팩트 체크를 하자. 당신이 죄책감을 '느낀다'고 해서 그것이 실제로 당신이 잘못을 저질렀다는 의미는 아니다.

오, 좋다!

기억하자, 죄책감은 우리가 '나쁜' 일을 저질렀다는 것을 알게 해준다. 누군가에게 상처를 주었거나 실수를 저질렀다면 약간의 죄책감은 건강한 것이다.

죄책감을 떨쳐버릴 수가 없다. 그들이 내가 정말 미안하다는 것을 알았으면 좋겠다.

체크리스트를 작성하는 것이 도움이 될 수 있다.
☐ 잘못을 인정한다.
☐ 사과했다.
☐ 필요한 행동 변화에 대한 책임을 진다.
☐ 장기적인 변화를 보여 주기 위해 자기 성장에 전념한다.

어떻게 죄책감에서 벗어날 수 있을까?

만성적인 죄책감은 우리를 기분 나쁘게 할 뿐만 아니라 심지어 우리 자신에게 진정한 책임을 묻지 못하게 할 수도 있다는 것을 기억하라. 행동의 변화 없는 죄책감은 에너지 낭비이다.

만연한 죄책감은 당신이 좋은 사람이라는 것을 증명하지 않는다.

# 14

# 나에게
# 너그러울 수 없어

## 스스로에게 관대해지는 법

Being kind to
myself isn't
an option

우리는 자신이 부족한 사람이라고 생각할 때마다 비판적이고 용서할 수 없는 말로 자신을 채찍질한다. 원래 계획과는 달리 피트니스 센터에 가지 않는다면, 스스로를 게으르고 약속을 지키지 못하는 사람으로 여긴다. 상대방의 기대를 저버려서 그가 나에게 실망감을 표현한다면, 내가 그를 만날 자격이 있는지에 의문을 품는다. 직장에서 실수하면, 멍청하고 미숙한 사람이다. 이별의 아픔에서 회복하는 데 시간이 걸린다면, 여전히 놓지 못하는 한심한 사람이다. 자신이 쓰레기처럼 느껴지도록 하려면, 쓰레기 같은 말만 계속하면 된다.

당신이 자신을 스스로 얼마나 판단하는지 알고 있었든, 아니면 이제 막 깨닫기 시작했든 간에 자신에 대해 너그러움이 부족한 데는 많은 잠재적인 원인이 있다.

- 자신에게 너그러운 것이 자신에게 비판적인 것만큼 동기부여가 되지 않는다고 믿는다.
- 자신을 비판하지 않으면 실수로부터 결코 배울 수 없을 것이라고 믿는다.
- 스스로가 너그러운 대접을 받을 자격이 없다고 믿도록 길들어져 있다.
- 먼저 자신에게 인정사정없는 말을 하면 아무도 나를 공격할 수 없을 거라고 생각한다.
- 자학적인 언어의 친숙함에서 위안을 찾는다.
- 스스로에게 너그러워지면 약해질까 두려워한다.

혼잣말 레퍼토리에서 자기친절을 제외하는 이유가 무엇이든 간에, 기회가 있을 때마다 자신을 공격하느라 바쁘다면, 건강한 습관이나 자존감을 유지하기 어렵다. 당신은 자기 대화를 선택할 수 있다. 하나는 당신을 최고의 자신에 더 가깝게 데려다줄 것이다. 다른 하나는 부츠 아래 진흙탕 속으로 당신을 빠뜨릴 것이다. 물론 그것은 고치기 가장 힘든 마음의 습관 중 하나다. 하지만 분명 노력해볼 가치가 있다.

## 자신에게 너그럽게 반응하기

"용서 부족은 거의 모든 자기 파괴적 행동의 원인이 된다."

_마크 빅터 한센Mark Victor Hansen

수년간 몸에 대한 파괴적인 생각이 나를 끈질기게 괴롭혔다. 가장 친한 친구는 나의 어려움을 잘 알고 있었고, 종종 나와 내 몸에 조건 없는 따뜻함을 보여줌으로써 내 내면 비평가들의 목소리를 잠재우려고 노력했다.

친구가 내게 준 가장 큰 선물은 어느 날 내가 나의 허벅지에 대해 노골적으로 냉정한 말을 했을 때 그녀의 반응이었다. 초등학교 선생님다운 능숙하고 장난기 어린 질책과 함께, 그녀는 "이봐, 내 가장 친한 친구에 대해 감히 그렇게 말하지 마!"라고 말했다. 나의 뇌가 그녀가 한 말의 심오함을 파악하는 데는 시간이 조금 걸렸고, 나는 무장 해제되었다.

고군분투하거나 불행하거나 일을 개판으로 만들 때 자신에게 말하는 쓰레기 같은 말들을 우리는 사랑하는 사람에게 하지 않는다. 온라인에서 만난 새로운 썸 상대에게 하

자신에게 너그러울 때 비로소
건강한 습관과 자존감이 자라난다.

지도 않는다. 대신 우리는 그들이 자책할 때 그것이 왜 잘못되었는지 타당한 이유를 말하며, 그들을 지지하고 이해한다. 자기 너그러움을 실천하려면 다음의 내용을 자신에게 적용하기 위한 샘플로 활용하자.

**자기 너그러움 실천하기**

최근 자신에게 특히 가혹했던 때를 생각해보자. 노트를 꺼내 상황을 적어보자. 그런 다음 비판적인 내면의 목소리가 그 상황에 대해 당신에게 무엇을 말하는지 써보자. 마지막으로, 자기 너그러움을 가지고 상황을 재구성하면 어떤 모습이 될지 적어보자.

다음은 하나의 예다.

상황 : 나는 연애 중이고 상대방은 뚜렷한 목표와 자신이 정말 만족하는 경력을 쌓고 있다. 반면 나는 내 직업이 마음에 들지 않고 어떤 분야가 나를 행복하게 하는지 찾지 못했다.

비판적인 목소리 : 지금쯤이면 내가 하고 싶은 일이 무엇인지 파악했어야 했는데, 대학에서 선택한 전공은 무용지물

이었다. 나는 상대방과 동등하지 않으며 이 관계에 도움이 되지도 않는다. 상대는 내가 게으르고 한심하다고 생각할 것이다. 나는 내 직업이 싫지만, 다른 일을 할 능력이 없다.

**자기 너그러움으로 재구성 :** 내 주위에는 자신이 하고 싶은 일을 찾기 위해 고군분투하는 사람들이 많다. 인생에서 객관적으로 따라야 할 시간표 같은 것은 존재하지 않는다. 자신이 좋아하는 일을 하는 사람과 함께 있다는 사실에 감사하자. 그것은 내가 자책할 일이 아니라 존경할 만한 일이다.

**계속 실천할 만한 자기 너그러움 팁 :** 화가 났거나, 스트레스를 받았거나, 죄책감을 느끼거나, 우울하거나, 지쳤을 때 자신에게 물어보자. 만약 내 가장 친한 친구(혹은 가장 좋아하는 반려동물이나 가족)가 이런 상황에 있다면 나는 뭐라고 말해줄 것인가?

**15**

# 나는 원래 그래

## 나를 해치는 신념을 개조하는 법

This is just
how I am

논쟁의 여지는 있지만, 심리 치료사로서 가장 큰 어려움은 사람들의 핵심 신념core belief, 즉 깊이 뿌리박고 있는 자아에 대한 인식을 성공적으로 바꿀 수 있도록 지원하는 일이다. 누군가의 핵심 신념과 대치하는 것은 미칠 것만 같은 일일 수 있다. 보통은 수년간 다듬어져왔을 핵심 신념을 나는 준비 없이 마주해야 하기 때문이다(불공평한 대결이라고 생각한다). 주관적인 진실을 반증하려는 내 시도에 전문가 수준으로 훼방을 놓는 내담자들이 있다. 신념을 확인하는 증거에 집착하고 이를 거스르는 증거는 무시하는 경향에 의해 자기관self-view이 유지되기 때문이다.

핵심 신념은 우리가 삶의 경험과 사람들의 말을 해석하는 방식에 부정적인 영향을 줄 수 있다. 실제로 무언가가 사실이든 아니든, 우리가 그것을 사실로 '받아들일' 때 그 무언가는 해로워진다. 우리가 자신에 대해 가지고 있는 한 가지 신념(예를 들어, '나에게는 흠이 있다')을 살펴보는 데 시간을 할애하면, 우리는 이것이 우리 삶의 어떤 영역에 부정적인 영향을 미쳤는지를 보게 될 수 있다. (어쩌면 당신은 달성할 수 없는 완벽함을 위해 노력하고, 그것을 달성할 수 없다고 생각하면 지레 포기했을지도 모른다.)

다음은 가장 일반적인 핵심 신념 중 일부다. 만약 와 닿는 것이 있다면, 이 말을 명심하길 바란다. 그 신념은 당신이 계속해서 그것을 믿기로 '선택'했기 때문에 '사실'로 여기는 것일 뿐이다.

| | | |
|---|---|---|
| 나는 실패자다. | 나는 할 수 없다. | 나는 무능하다. |
| 나는 패배자다. | 나는 보잘것없다. | 나는 실패할 것이다. |
| 내게는 흠이 있다. | 나는 망가졌다. | 나는 약하다. |
| 나는 성공할 수 없다. | 나는 못생겼다. | 나는 적합하지 않다. |
| 나는 아무것도 아니다. | 나는 변할 수 없다. | 나는 나쁜 사람이다. |
| 나는 투명 인간이다. | 나는 열등하다. | 나는 사랑스럽지 않다. |
| 나는 힘이 없다. | 나는 비호감이다. | 나는 쓸 만하지 않다. |
| 나는 바보다. | 나는 매력이 없다. | 나는 안전하지 않다. |
| 나는 혼자다. | 나는 자신감이 없다. | 나는 특별하지 않다. |
| 나는 하찮다. | 나는 성공할 자격이 없다. | 나는 가치가 없다. |
| 나는 짐이다. | 나는 미쳤다. | 나는 쓸모가 없다. |
| 나는 중요하지 않다. | 나는 재미없다. | 나는 자격이 없다. |
| 나는 엉망진창이다. | 나는 구제불능이다. | 나는 성공하지 못했다. |
| 나는 행복할 자격이 없다. | 나는 죄를 지었다. | 나는 사교성이 없다. |

참고로, 이것들은 전부 개소리다.

## 다른 것을 믿기

신념이 매우 진실하다고 느껴지더라도, 그것도 궁극적으로 마음이 만들어낸 인식이기 때문에 우리가 원할 때 언제든 신념을 바꿀 수 있다.

어느 시점에서든, 특히 신념이 나를 해치고 제한할 때

나는 다른 것을 택할 수 있다. 처음에는 스스로에게 거짓말을 하는 것처럼 느껴질 수 있다. 이는 습관을 바꾸는 과정에서 지극히 정상적인 일이므로 계속해서 연습해보자. 시간이 지나면 당신의 새로운 진실이 꽃피기 시작할 것이다.

# 잘못된 신념 바꾸기

당신을 제한하는 핵심 신념 중 하나를 선택한다. 그 다음 자기 수용적이고 진실한(편향된 자기 인식에 전적으로 기반하지 않는) 당신만의 새로운 핵심 신념을 만들자. 노트를 들고 다음의 예를 가이드로 삼아 연습해보자.

경험 : 나는 상담 치료를 받고 우울증으로 약도 먹고 있다. 이렇게 허물이 많은 사람과 함께 하고 싶은 사람은 없을 것 같아서 데이트는 몇 번을 채 못 넘기는 것 같다. 이렇게 망가진 사람과 어울리고 싶은 사람은 절대 없을 것이다.

제한된 핵심 신념 : 내게 근본적으로 문제가 있다. 나는 혼자가 될 운명이다.

새로운 균형 잡힌 핵심 신념 : 나는 다른 모든 인간처럼 불완전하다. 나는 우울증이 있지만 괜찮다. 거절당했다고 느끼는 건 편치 않지만, 딱 맞는 사람을 만나지 못했기 때문이다. 혼자 있어 마땅한 사람은 아무도 없다. 인연을 만나려면 시간과 운이 필요하다.

이 연습을 통해 우리가 한두 개의 형편없는 형용사를 가지고 논리적으로 정의할 수 없는 복잡한 생명체라는 것을 알게 된다. 핵심 신념이 우리에게 더 이상 쓸모없어지면, 더 유연한 접근 방식으로 점차 발전하는 자아를 바라볼 수 있게 될 것이다.

# 16

# 시간을 되돌릴 수만 있다면…

## 과거가 아닌 현재에 집중하는 법

If only I could
change the past

경기에서 졌을 때 이를 분석하기 위해 영상을 다시 돌려보는 코치처럼, 우리는 일상에서 되감기 버튼을 누른다. 지난 일을 회상하더라도 더 이상 수집할 정보가 없는데도, 우리는 한 번 더 상황을 되감기해보고 싶은 충동을 느낀다.

스스로 바보 같거나 짜증 나는 말을 하지 않았는지 확인하기 위해 과거의 대화를 곱씹어본다. 화가 난 마음을 표현했으면 어땠을까를 상상하면서 싸움을 곱씹는다. 또한, 최근에 끝난 관계의 순간을 되감기하기도 한다.

안타깝지만, 우리 두뇌가 아무리 노력해도 과거로 돌아갈 수 없다는 사실을 직시해야 한다. 길고 긴 반추의 시간을 통과하고 나면, 그 피로에 더해 우리의 기억은 비난과 후회의 씨앗이 된다.

'상대가 나와 헤어진 건 내가 너무 많은 것을 요구했기 때문이야. 나는 너무 집착했어.'

'자기소개할 때 너무 어색하게 말했어. 사람들은 내가 이상하다고 생각했을 거야.'

때때로 당신은 어떤 수수께끼도 풀 수 없는 단서를 찾기 위해 과거를 뒤진다. 진화론적인 관점에서 볼 때, 생존을 위협할 수 있는 판단의 오류를 찾기 위해 끈질기게 머리를 쥐어짜는 것은 이치에 맞는 일이다.

그러나 위험한 야생동물을 방해하지 않고 열매를 따는 탁월한 방법을 찾기 위해 애쓸 필요가 없다. 우리가 현재를 선택할 때 일어날 수 있는 최악의 일은 우리가 있는 그대로의 상황에 직면해야 한다는 것 정도이다. 비록 항상 즐거운 일은 아니지만, 느껴지는 것만큼 위험하지는 않다.

## 현재를 만끽하기

현재는 만족과 기쁨이 공존하는 곳이다. 우리가 주의를 기울일 때만 이러한 감정을 완전히 경험할 수 있다. 아무리 긴 시간 동안 여행을 해도(우리가 감정적으로 흥분되어 있을 때는 특히 더) 우리가 간절히 바라는 해답, 안전, 통제감을 얻을 수는 없다.

다음 연습은 우리의 마음챙김 기술을 강화시킬 것이다. 이는 과거를 되감기하는 자신을 더 규칙적으로 알아차리는 습관을 형성하는 데 도움을 줄 것이다.

# 현재에 몰입하기

1단계 : 편안한 자리를 찾는다. 누워도 좋지만, 낮잠에 빠질 수도 있다는 점을 알아두자. 타이머를 5~10분으로 설정한다.

2단계 : 눈을 감고 천천히 심호흡을 몇 번 하며 배와 폐를 가득 채운다. 여전히 당신을 괴롭히거나 꼼짝 못 하게 붙들고 있는 과거에 일어났던 일을 떠올려본다. 최대한 자세하게 떠올리자.

3단계 : 시나리오를 꼼꼼하게 재생한 후, 코로 들어오는 공기의 감각에 집중하면서 호흡에 주의를 기울인다. 생각이 딴 곳으로 새면 주의를 콧구멍 깊숙한 곳으로 다시 집중시킨다.

4단계 : 때때로 과거의 상황에 관한 생각을 알아차리자. 새로운 신체 감각이나 감정이 생겨나는지 주의를 기울인다.

5단계 : 호흡과 과거의 생각 사이를 오가며 의식 전환 연습을 계속하자.

연습을 통해 과거의 사건에 관해 혼잣말하는 습관을 서서히 고쳐나갈 것이다. 현재로 돌아오는 과정에서 항상 호기심, 수용, 자기 연민의 도움을 받을 수 있다는 것을 기억하자.

과거를 붙잡으려는 모든 시도와 미래를 바라보려는 모든 욕망을 내려놓아라. 모든 것은 진정으로 평화가 존재하는 현재에만 있다.

# 17

# 나는 불확실함이 싫어

통제할 수 없음을 인정하기

I hate the
uncertainty

나는 항상 내 삶에 대한 계획이 있었다. 열세 살 때 전문 광대나 배우가 되겠다는 꿈을 접고 심리학자가 되고 싶다는 확신을 하게 되었다. 그 후 15년의 계획은 이러했다.

임상심리학 AP(Advanced Placement)[5]를 거쳐 학사, 석사, 박사 학위를 받고 청소년 섭식장애 치료 전문 자격증을 딴 후 스물다섯 살에는 결혼, 스물여섯 살에는 멋진 엄마 되기, 서른 살까지는 개인 상담 치료실 열기.

인생은 좋든 싫든 모든 것을 뒤섞는 재주가 있어서 미래에 대한 내 완벽주의적 접근은 우스운 계획으로 결론지어

---

5 대학 교육과정을 고등학교에서 미리 수료해 대학 학점을 선취하는 제도

졌다. 곧 내게는 삶의 예측 불가능성이라는 불편함을 상쇄하기 위해 미래의 사소한 일에 집착하는 버릇이 생겼다.

돌이켜보면 내 인생의 길을 구원해준 것은 미지에 대한 수년간의 불안감이나 미래에 대한 수많은 정신적 여행이 아니었다. 대신 '동기, 노력, 타이밍, 운'이 복합적으로 작용해 내 삶을 전개하는 데 영향을 주었다.

나는 내 경험 덕분에, 다양한 문제로 끊임없는 불안에 휩싸인 20대들과의 치료적 상호작용에서 더욱 공감할 수 있는 사람이 되었다고 생각한다. 요즘 나는 통제할 수 없는 것을 통제하려는 그들의 필사적인 시도를 내려놓게 하는 기술을 가르치는 데 힘을 쏟고 있다.

## 현재로 돌아가기

내가 마음챙김을 가르칠 때 대부분 사람은 마감일, 소중하고 한정된 휴가일, 은퇴 계획에 의해 지배되는 세상에서 어떻게 현재에 충실할 수 있는지 질문한다. 학생들은 마치 내 정교한 거짓말을 잡아낸 것처럼 '걸렸다!' 하는 태도로 나를 바라본다. 나는 계획하고, 예상하고, 준비하는 것이 본질적으로 나쁜 것은 아니라고 설명한다. 미래 지향적인 혼잣말을 통해 삶의 불확실성을 견디고 통제하려는 우리의 헛된 시도만 할 것이 아니라, 그토록 걱정하는 삶을 '즐기기' 위해 끊임없이 현재로 돌아가는 데도 힘을 쏟아야 한다.

따라서 당신이 불안, 기대, 두려움, 뻔한 걱정으로 흠뻑 젖은 혼잣말에 지나치게 사로잡히게 되면, 다음의 예를 사용해 간단한 질문과 답변을 시도해보자.

Q: 미래의 나는 어떤가?

A: 나는 곧 다가올 휴가 때, 해변에서 비가 올까 봐 걱정이고, 그러면 얼마나 짜증이 날까에 대해 계속해서 생각하고 있다.

Q: 이 마음 상태는 어떤 목적에 도움이 되는가?

A: 일기예보를 계속 확인하면 불안감을 어느 정도 해소할 수 있을 것 같다. 여행 일정 중에 비가 온다고 하는데, 예보를 볼 때마다 예보가 바뀌기를 바라고 있다.

Q: 그 결과로 미래에서 내가 놓치는 것은 무엇인가?

A: 일 년 만에 처음으로 보내는 휴가에서 설렘을 느낄

수 없다. 잠재적인 악천후로 휴가가 완전히 망가질까 봐 두려웠기 때문이다.

Q: 내가 잠시 확인을 멈추면 어떤 일이 일어날까, 두려운가?

A: 보면 볼수록 날씨가 바뀔 것 같은 느낌이 든다. 내가 확인을 그만두면 날씨가 나빠질까 봐 계속 걱정될 것이다. 적어도 확인해보면 정보는 얻을 수 있다.

Q: 지금의 현실에 어떻게 발을 붙일 것인가?

A: 날씨 앱을 아무리 쳐다봐도 비가 오는지 아닌지를 통제할 수 없다는 것을 알고 있다. 이 여행을 취소하지는 않을 것이기 때문에, 비가 내려도 받아들여야 할 것이다. 날씨를 확인하고 싶은 충동이 생길 때마다, 나는 대신 내 손이 닿는 곳에 있는 물체로 촉각 운동을 할 수 있다. 그것을 일주일 후에 내가 있을 곳이 아니라, 지금 이 순간 내가 어디에 있는지를 마음에 새기는 계기로 삼겠다.

"통제할 수 없는 것을 통제하려는
시도를 이제는 멈춰야 한다."

# 18

# 나는 형편없는 사람이야

## 수치심을 내려놓는 법

I'm a shitty
person

우리가 노골적인 언어든 노골적이지 않은 언어든, 어느 쪽을 사용하여 자신을 스스로 욕하든(예를 들어 '거지 같은 것' 혹은 '멍청이'), 이런 인신공격 시도는 혼잣말만큼이나 비참하다. 이것은 스스로가 '나쁘다'라는 믿음이 아마도 가장 교활한 감정인 수치심의 영역에 들어가기 때문이다.

수치심 연구자이자 작가인 브레네 브라운Brené Brown은 수치심을 '나에게 결함이 있기에, 누군가에게 받아들여지거나 소속될 가치가 없다고 믿는 극도로 고통스러운 느낌이나 경험'으로 정의했다. 수치심은 핵심 신념의 밑바탕이 될 수 있다. 반대로 억제되지 않은 '자기 비난'과 '자기 비판' 습관의 결과가 수치심이 될 수도 있다. 수치심은 우리가 근본적으로 가치가 없거나, 사랑스럽지 않거나, 있는 그대로 받아들여질 수 없다는 것을 우리에게 확신시킨다. 또한 우리가 행했거나 실패한 일들 때문에, 다른 사람들과 단절되거나 애초에 다른 사람들과 연결될 자격조차 없게 되지 않을까 두려워하게 한다.

만성적이거나 강렬한 죄책감은 때로 수치심의 더 위험한 감정을 감춘다. 수치심은 죄책감을 자신에게 향하게 하고 그것이 자신의 일부가 되도록 내버려 둘 때 슬금슬금 다가온다.

수치심 전문가인 브레네 브라운, 크리스토퍼 거머Christopher Germer, 크리스틴 네프Kristen Neff는 수치심에 대해 도움이 될 만한 몇 가지 진실을 밝혔다. 첫째, 수치심 자체는 '나쁜' 감정이 아니라 인정받고자 하는 우리의 뿌리 깊은 (그리고 매우 인간적인!) 욕구에서 나오는 감정이다. 둘째, 수치심을 느끼는 것은 우리뿐이 아니다. 수치심은 거의 모든 사람이 생의 어느 시점에서 경험한다. 그러나 결국 그것은 단순히 '감정'일 뿐이며, 모든 '감정'은 일시적이다.

수치심은 우리의 신경계를 강하게 활성화하고, 수치심으로 생겨나는 고립감을 줄이기 위한 행동을 부추긴다. 불행하게도 그러한 행동 대부분은 자기 처벌, 자기 판단, 회피, 심지어 자해의 형태를 취한다. 그러나 우리가 수치심을 더 많이 느낄수록 우리는 더 숨고 싶어지고 (혹은 비난하고 싶어지고) 이는 우리가 인식한 '무가치함'과 '무소속'으로 인한 외로움의 고통을 확대할 뿐이다. 나는 수치심과의 관계를 바꾸는, 엄청난 어려움을 과소평가하지는 않을 것이다. 그러나 수치심에 더 탄력적으로 대처하는 방법을 배우면서 우리는 자신과 다른 사람들과의 '진정한 연결'을 경험하게 될 것이다.

## 자기 연민 실천하기

누군가에게 연민을 갖기 위해서는 그들이 고통받고 있는 것을 보고, 고통에 대한 우리의 이해를 표현해야 하며, (우리가 할 수 없더라도) 그 고통을 완화하고자 하는 마음이 들어야 한다. 누군가에게 연민을 갖는 것은, 고통을 인간 조건의 일부로 받아들이는 것을 의미한다. '자기 연민'은 우리가 어려움을 겪고 있거나, 자신에 대해 싫어하는 것을 알아차리거나, 힘든 감정을 느끼거나, 괴로움이나 불편한 상태에 있을 때 사랑의 에너지를 우리 자신에게 돌리는 행위다.

자기 연민을 실천하기 위해서는 잠시 멈춰서 스스로의

고통을 확인하고 그 순간 어떻게 자신을 위로하고 돌볼 수 있는지 물어봐야 한다. 좀 더 균형 잡히고 따뜻한 접근 방식을 통해, 마음은 내가 누구인지에 대한 '현실적인 믿음'을 받아들이는 것이 더 안전하다고 느낀다.

여기서 사회적 통념을 깨자. 자기 연민 연습은 자기 동정심이나 방종이 아니며, 우리가 상처를 입히거나 잘못을 저질렀을 때 우리를 곤경에서 벗어나게 해주지도 않는다. 반대로 자기 연민 연습은 우리의 고통과 인간성을 위한, 일종의 보듬어주는 환경을 제공하여 자기혐오가 아닌 '자기 사랑'으로 행동하도록 동기를 부여한다. 활성화된 신경계(수치심을 느낄 때)는 우리를 마비시키는 경향이 있는 반면, 하향조절된 신경계(자기 너그러움과 마음챙김을 실천할 때)는 더 행동 지향적인 정신 상태를 만들기 때문이다.

나는 자기 연민 연습을 우리의 마음 공간에서 발산되는 에너지를 배양하는 것이라고 묘사하고 싶다. 아기(혹은 선호하는 사랑스러운 다른 종)를 안고 자신이 같은 에너지를 받을 때의 부드러움과 따뜻함을 상상하면 도움이 될 수도 있겠다. 자기 연민을 '받을 자격이 있는지'에 집착하지 말고, 상처를 받을 때마다 연습을 실천하며 단순하게 생각하자.

자, 이제 당신 자신을 부드럽게 안을 시간이다! 당신이 '수치심'을 느낀다면, 이 연습을 단계별로 해보자. 연습을 위해 이 고통스러운 감정을 경험했던 순간을 떠올려보자.

1. 당신이 나쁘다고 생각하거나 어떤 식으로든 벌거벗은 듯한 느낌이 들 때, 당신의 생각과 감정 상태를 '수치심'이라고 표시한다. 자신에게 이렇게 말하자. '이것은 수치스러운 일이다. 나는 지금 창피하다.'

2. 당신의 몸과 마음에서 수치심이 어떻게 느껴지는지 관찰한다. 당신의 몸은 수치스러울 때 어떻게 느끼는가? 이렇게 느끼면 무엇을 하고 싶은가? (예: 소리 지르기, 숨기, 스스로 벌주기)

3. 수치심을 인간 대부분이 경험하는 감정으로 정당화하자. 수치심은 자신을 벌주고 싶게 만들 수 있다. 자신에게 이렇게 말하자. '나는 소속감, 인정, 사랑을 느끼고 싶은 인간의 본능적인 욕구가 있어서 수치심을 느낀다.'

4. 심장 위에 손을 얹는다(이렇게 하면 사랑 호르몬인 옥시토신oxytocin과 활성화된 신경계와 싸우는 보살핌 시스템이 활성화된

다). 자신에게 말하자. '내가 가치 있다는 것을 알 수 있기를. 내가 사랑스럽다는 것을 알 수 있기를. 내가 인간이라는 것을 알 수 있기를.'

5. 수치심을 공유하자. 수치심은 어두움 속에서 번성하기 때문에 주위의 판단 없이 당신의 경험을 듣고 봐줄 수 있는 사람이 있다면 소리 내어 말하는 것이 고통을 변화시킬 수 있다.

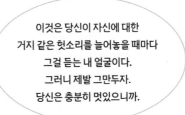

이것은 당신이 자신에 대한
거지 같은 헛소리를 늘어놓을 때마다
그걸 듣는 내 얼굴이다.
그러니 제발 그만두자.
당신은 충분히 멋있으니까.

# 19

# 좋은 일은
# 끝나기 마련이야

## 좋은 일에 맘껏 기뻐하는 법

Nothing good
ever lasts

모든 것이 영원하지 않다는 것은 사실이다. 그러나 이 혼잣말은 우리가 일어나지도 않은 일에 마음을 졸이고 걱정할 때 자신에게 하는 말이다. 이 핵심 신념은 비관론을 불러오고 실망이나 불가피한 거절을 두려워하게 한다. 좋은 일이 있어도 너무 긴장하거나 예민해 그 경험을 오로지 받아들이지 못한다. 잠시 어떤 긍정적인 면을 받아들이더라도 우리는 여전히 부정적인 면을 지나치게 강조하는 경향이 있다. 긴장을 너무 내려놓는 것을 원치 않는 것이다. '일어날 수도, 일어나지 않을 수도 있는' 결과로 고통받는 일을 피하고자 우리는 패배주의적인 혼잣말을 선택하고, 이는 현재의 순간에 고통을 '반드시 가져올' 것이다. 우리가 느낄 실망감은 당연하다.

　20대 초반 데이트 앱의 신선한 경험도 무뎌진 후, 친구들과 나는 서서히 우리의 연애 생활에 싫증이 나기 시작했다. 우리는 '데이트'를 하지 않았다. 사람들과 '만남'을 가질 뿐이었다. 우리는 그 '만남'의 가능성을 기대하고 약간이나마 들뜬다는 생각을 같이 비웃었다. 우리는 항상 만나는 사람들에게 별명을 붙였다. 진짜 이름으로 이야기한다는 것은 진지한 관계의 가능성을 의미했기 때문이었다. '만남'이 어느 쪽으로든 발전할 수 있다고 믿는 위험을 감수할 수는 없었다.

삶의 모양이 어떻든 간에, 많은 사람들이 경력, 우정, 습관 형성 노력에 대해 똑같은 비관적이며 패배주의적인 태도를 보인다. 다음에 닥칠 거지 같은 일을 예상하는 과도한 경계심은, 우리 삶의 순간순간 올라오는 자부심이나 기쁨을 느낄 수 있는 능력을 빼앗는다.

몇몇 사람들은 끊임없이 스스로 사기를 떨어뜨리는 상태로 살아간다. 그것은 그들에게 친숙하고 위안에 가까운 자기충족적 예언이다. 그들은 우울증이나 불안에 시달리는데, 거의 대부분이 너무 오랫동안 경계를 늦추지 않도록 노력했다는 공통점을 가지고 있다. 그들은 순간의 기쁨을 받아들이도록 자신에게 허락하지 않으며, 그로 인해 스스로 만든 불만의 거품 속에서 살게 된다.

## 좋은 일 자체를 즐기기

단순히 '좋은 일은 (내게) 지속되지 않는다'라는 잘못된 신념체계에 집착하는 것과, 삶은 근본적으로 끊임없이 변화하기 때문에 '어떤 좋은 일도 지속되지는 않는다'는 것을 인정하는 것 사이에는 차이가 있다. 전자의 경우 우리는 영원한 두려움이나 무력감 속에서 살게 될 수 있지만, 후자의 경우에는 단순히 좋은 일이 영구적으로 지속될 것이라는 전망에 집착하지 않는 법을 배운다. 이것은 우리가 실망과 낙담이 삶의 일부라는 것을 예상하지만 더 이상 그렇게 두려워하지 않는다는 것을 의미한다.

가변성의 개념에 대해 처음 배웠을 때, 그것이 내 영원한 행복 공급원이 될 거라는 기대와 함께, 어떤 경험에도 매달릴 필요가 없다는 생각에 엄청난 안도감을 느꼈었다. 나 자신의 행복을 지속해서 공급하는 것뿐만 아니라, 긍정적인 일이 얼마나 오래 지속되든 상관없이 기쁨을 놓치지 않는 법을 배웠다. 나는 잠깐이더라도 나를 미소 짓게 하거나 평화롭게 느끼게 해주는 순간들에 감사했다.

고통은 피할 수 없지만 영원한 것도 아니다. 끊임없이 대비하지 않더라도 좋은 일 자체에 빠져들 수 있을 만큼 열려 있으려면 배짱이 필요하다. 우리 중 일부는 어릴 때부터 다음에 올 나쁜 일을 기다리도록 조건화되어 있는 것도 사실이다. 너무 긴장을 늦추면 우리의 안전을 정말로 위태롭게 할 수 있어서다. 만약 당신이 이런 경우라면, 안전을 위해 노력하면서도 긍정적인 순간을 음미할 권한을 천천히 자신에게 주기를 바란다.

우리는 더 중요한 삶의 순간을 준비하기 전에 먼저 작은 일에서 즐거움을 찾을 수 있다. 아침에 일어나 가장 좋아하는 노래에 맞춰 춤을 추며 몸을 움직이고, 정체된 에너지를 방출하는 좋은 느낌을 느낄 수 있다. 화분이 잘 자라도록 행한 매일의 노력을 축하할 수도 있다. 나는 상담할 때 공황 발작으로 고통받는 내담자들에게 공황 발작 없이 일주일을 보냈을 때 축하하고, 그것이 지속될 수 있다고 믿도록 마음을 훈련시킨다. 그렇지 않더라도 대처할 수 있다는 자신감을 느끼도록 격려한다.

우리의 좋은 감정을 깨뜨릴 기회만 보는 이 세상에서 우리는 창의력을 발휘해야 한다. 좋은 일도 결국 끝나기 마련이라는 의기소침한 목소리를 무시하면서, 긍정적인 삶의 경험에 더 주의를 기울이는 방법을 배우는 데는 훈련이 필요하다. 곧 당신의 혼잣말은 '좋은 일은 지속되지 않아'에서 '지속되는 좋은 일도 있고, 설령 그렇지 않더라도 두려워할 필요 없어'로 바뀔 것이다.

# 좋은 일 알아차리기

현재 당신의 삶에서 잘되고 있는 것에 대해 문장을 써보자.
건강이 좋은 상태, 새롭게 만난 인연, 마음에 들어 매일 입는 새로 산 청재킷 등에 대해 자유롭게 감사해보자. '내가 좋아하는 머그잔으로 매일 신선한 커피를 마시고 있다' 혹은 '같은 층 이웃에게 호감을 느끼고 있다'와 같이 간단해도 좋다.

'좋은 일'의 더 광범위하고 재미있는 정의를 내리고 적어보자.
많은 사람에게 '좋은 일'이란 연애를 하거나 원했던 일의 면접을 보는 등과 같은 크고 중요한 일을 의미한다. 이제 우리의 새로운 관점에서 '잘 되고 있다'는 우리에게 긍정적인 느낌을 주는 모든 것을 의미한다.

마음에 와 닿는 목적을 가진 선언을 쓰고 큰 소리로 읽어보자. '오래 지속되는 일이든 아니든 매일 적어도 한 가지 긍정적인 것에 감사할 것이다'와 같이 일반적일 수도 있고, '유산한 후 다시 임신한 것에 대해 행복해할 것이다'처럼 구체적일 수도 있다.

당신의 삶에 머물러 있게 된 좋은 일의 존재에 감사하는 연습을 하자.
몇 년 동안 신어온 유난히 쫀쫀한 양말 한 켤레가 될 수도 있다. '양말아, 구멍나지 않고 내 발을 계속 포근하게 해줘서 고마워.'

당신의 회복력을 믿자.
너무 긴장을 늦추는 걸까 봐 두렵다면, 좋은 일이 사라지더라도 당신은 살아남을 수 있다는 것을 자신에게 상기시키자. 그러면 또다시 좋은 일이 올 것이다.

# 20

# 나는 원래 부정적이야

## 내 안의 부정적 자아를 내던지는 법

I'm a negative
person

이 책을 반이나 읽었다니 다행이다. 아직 희망이 있다! 당신이 '불평쟁이'가 되는 습관이 있다고 해도, 자신을 부정적인 사람이라고 부르면 당신의 완전한 정체성이 된다. 나는 우리가 이전 장에서 그런 습관을 찍소리도 못하게 눌러 놓았다고 확신한다.

수년간 마음의 습관과 혼잣말 연구를 내 삶의 우선순위로 삼아왔지만, 누구나 인간 마음의 본성에 영향을 받는다는 사실을 부정할 수는 없다. 하지만 나는 깎아놓은 수박 위에 앉은 파리를 쫓아내듯, 부정적인 생각 대부분을 날려버리는 법을 배웠다고 자랑스럽게 말할 수 있다. 비록 쉬운 길은 아니었지만, 당신도 부정성에 강한 두뇌를 개발하는 이점을 경험해보기를 바란다.

우리 뇌가 부상이나 죽음의 잠재적 위협을 어떻게 예상

하고 대응하도록 짜여 있는지를 기억하는가? 현대에도 여전히 그 똑같은 고대의 신경 회로가 정서 및 실존적 위협을 찾으며, 주변을 훑어본다. 이는 마음이 말 그대로 우리를 해칠 수 없는 것들에 대해 지레 겁을 먹게 만든다는 것을 의미한다.

'부정적 필터링negative filtering'이라는 인지 왜곡은 정보를 받아들이면서 우리를 거지같이 느껴지게 하는 부분에 지나치게 집착하게 하고, 종종 다른 사실은 무시해버린다. 실질적으로 우리는 우리가 듣는 것의 현실을 왜곡하고, 너덜너덜하며 곰팡이가 핀 여과 시스템을 통해 처리한다. 그 더러운 덩어리가 다른 사람, 삶, 우리에 대한 궁극적인 진실이라고 자신에게 이해시킨다. 부정적 필터링의 심각성은 그 범위를 보면 알 수 있다. 자기 의심에서 빠르게 회복하는 사람이 있는가 하면 일분일초도 빼먹지 않고 적의, 억울함, 자기혐오, 분노, 자기 연민, 자기 비난과 같은 내면화되거나 외면화된 부정성의 다양한 상태에서 허우적대는 사람도 있다.

만성적으로 부정적인 사람들은 종종 쉽게 짜증을 내거

나 우울해하고 어떤 상황에서도 평화감을 찾는 데 어려움을 겪는다. 균형감 없이 상황이나 자신의 부정적인 측면에 대해 불평하거나 곱씹는 사람들은 긍정과 행복을 경험할 수 있는 자신의 잠재력을 제한한다.

예를 하나 들어보자. 누구나 식사 약속을 잡아본 적이 있을 것이다. 자리에 나오는 사람들도 마음에 들고, 음식도 정말 맛있을 것 같다. 꼭 한번 가보고 싶었던 식당이라 가려고 몇 주 전부터 예약해놓았다. 전반적으로 좋은 시간을 보내리라 기대했는데, 아쉽게도 그날 친구 한 명이 일이 생겨 집에 있어야 한다고 문자를 보낸다. 사랑하는 사람들과 함께 보낸 즐거운 저녁을 기억하는 대신, 당신은 집에 돌아와 그 친구가 막판에 약속을 취소해 당신이 얼마나 괴로웠고 상대와의 우정을 의심하게 됐는지를, 참석했던 모든 사람에게 문자를 보낸다. 몇몇 친구들이 당신의 감정을 이해하려 하거나 관점을 바꾸도록 도와주려 할 때도, 당신의 마음은 고집스럽도록 잘못된 한 가지에 계속해서 매달린다.

## 부정적 필터 바꾸기

당신이 이 모든 부정성을 내던져버릴 준비가 되었다면, 매일 숨 쉬듯 반복해야 할 두 가지 문장이 있다. 다음을 따라 읽어보자.

- 나 자신을 향한 것이든, 외부로 향하는 것이든, 부정성에 초점을 맞추는 것은 기분이 좋지 않다.
- 나는 고통을 덜 받고 싶으므로 부정적인 혼잣말을 그만두기 위해 열심히 마음을 다스릴 것이다.

나는 이런 진리에 따라 사는 것을 매일 훈련하며, 나와 내 주변을 보는 방식을 진정으로 변화시키도록 노력했다. 내 마음이 잠시 이 세상에 대한 걱정에 사로잡히거나 내담자가 나에게 좋은 치료사가 아니라고 말할 때도, 이제 내 반응은 부정적인 느낌에 빠져드는 대신 그 느낌을 의식하는 방식으로 바뀌었다.

# 내 안의 부정성 내던지기

부정성이 그 비뚤어진 속내를 드러낼 때 시도해볼 만한 몇 가지 방법이 더 있다.

1. 마음속의 부정성을 알아차리자. 떠오르는 생각, 감정, 신체적 감각을 인식하자.

2. 부정성이 어디로 향하고 있는지, 그리고 왜 그런 반응을 보였는지에 대해 간략하게 파악하자. 더 깊은 자기성찰은 만족스러운 상담 치료를 위해 아껴두자.

3. 부정성이 마음에 가득 차면, 주변 환경으로 주의를 돌리고, 보이는 것에 대해 몇 가지 질문을 스스로 던져보자 (예를 들어, 긴 줄에 서서 기다리는 동안 조바심을 느꼈다면 앞에 있는 사람은 어디에서 온 것인지 궁금해해볼 수 있다). 창의적으로 호기심을 발휘하고 부정적 필터를 내려놓으면 얼마나 마음이 가벼워지는지 확인하자.

완벽함은 달성할 수 없다. 무언가가 '완벽'하다는 것은 결점도 결핍도 없다는 것을 의미한다. 인간에게 이것은 이미 불가능하다. 모든 인간은 본질적으로 결함이 있기 때문이다. 이것이 인간의 본성이다. 게다가 완벽함은 전적으로 주관적이다. 골대가 계속 움직이면 골을 넣을 수 없는 법이다. 완벽함에 대한 기대에 도달하지 못하면 지나치게 비판적인 혼잣말이 필연적으로 뒤따르고 종종 우리의 자존감과 가치를 깎아내린다.

# 어차피, 인간은
# 누구나 불완전해

No More
Talking Shit

# 21

# 모든 것은 분명하게 흑백으로 나누어져

## 이분법적 사고에서 탈출하는 법

Things are
black and white

90년대 보이그룹 오타운O-Town이 '전부를 원해, 아니면 아무것도 필요 없어Cause I want it all, or nothing at all'라는 유명한 가사로 이를 이미 잘 표현한 바 있다. 자신들이 '흑백논리black and white' 또는 '이분법적 사고all-or-nothing'로 설명할 수 있는, 모든 것을 극단적으로 보는 일반적인 혼잣말 패턴을 노래했다는 것은 몰랐겠지만 말이다. 예를 들어, 우리가 사람들을 모두 선하거나 모두 악하다고 본다면 그들이 순전히 실수로 우리 마음을 어지럽히거나 아프게 했을 때 우리는 그들의 인간성을 다시 살펴보게 될 것이다. 혹은 피트니스 센터에 가는 것을 압박감 가득한 경험이라고 생각하면, 우리는 운동에 집착하거나 아예 가지 않는 두 선택지 사이에서 망설일 것이다.

이러한 인지적인 실수는 의도하지 않은 것이지만, 우리

마음에서 가장 낯설고 불편한 공간을 온전히 마주해야 하는 혼란을 만들어내는 회색지대gray area로부터 우리를 보호하려는 노력이다. 많은 사람에게 이분법적 사고방식과 혼잣말은 예측할 수 없는 상황에 부닥쳤을 때 이해를 도울 명확한 범주를 정하는 방식이며, 우리는 그로 인해 모호하거나 위험해 보이는 상황에서 자신을 스스로 보호할 수 있다. 다음은 많은 사람이 (어떤 것은 이상화하고 다른 것은 완전히 평가절하하는) 이분법적 사고를 보이는 몇 가지 익숙한 상황들이며, 우리가 그 상황을 흑백이 아닌 회색 렌즈로 바라보는 방법이다.

## 흑백을 회색으로 바꾸기

- 특정 음식이 좋거나 나쁘다고 보는 것. → 음식은 연료다.
- 우리 몸이 좋거나 나쁘다고 생각하는 것. → 모든 사람의 몸은 다르다. 우리의 가치는 몸으로 결정되지 않는다.
- 사람들이 좋거나 나쁘다고 생각하는 것. → 누구도 완벽히 선하거나 완벽히 악하지 않다. 많은 요소가 인간의 성격과 행동에 영향을 미친다.
- 다투거나 화가 났을 때 우리가 사랑하는 사람들이 '항

상' 혹은 '절대' 무언가를 하거나 하지 않는다고 비난하는 것. → 그들은 인간이고 때로는 내가 좋아하지 않는 일을 하지만 그래도 나는 그들을 사랑한다.

- 집단의 이데올로기와 맞거나 맞지 않음. → 인간은 서로를 받아들일 때 번영한다.
- 자신을 실패자로 생각하는 것. → 우리 자신을 단지 결과로만 판단할 수 없다.
- A를 받지 못한 것은 F를 받은 것과 마찬가지다. → 우리를 임의의 등급으로 정의할 수 없다.
- 결점을 마주할 때마다 좋은 점을 무시하는 것. → 결점이 있다는 것은 인간의 본성이며, 결점과 좋은 점은 공존할 수 있다.
- 누군가 우리에게 화가 났다고 해서 우리의 정체성을 평가절하한 것으로 생각하는 것. → 사람들은 우리에게 부정적인 감정을 느낄 수 있다. 그것이 우리의 존재 자체를 부정하는 것은 아니다.

우리가 흑백논리로 생각할 때, 우리는 인간의 단점이나 흠 있는 행동을 용서하는 데 어려움을 겪을 수 있다. 이분법적 사고는 우리의 시야를 좁히고, 심리적으로 덜 유연하며 더 방어적으로 만든다.

## 회색 인정하기

흑백논리가 늘 인기라는 것을 알지만, 나는 당신에게 다른 선택을 하도록 권할 것이다. 먼저 우리는 이분법적 혼잣말 패턴을 잘못된 사고로 봐야 한다. 일단 우리가 이분법적 사고를 할 때 사용하는 언어에 대한 인식을 일깨우면 회색 지대 찾기 훈련을 할 수 있다. 다음 단계를 실천하면 이상화와 평가절하의 고리에 갇히지 않고 점차 여러 가지 진실을 동시에 인정하게 될 수 있을 것이다.

1. '항상'과 '절대'를 '가끔'으로 바꿔보자. 극단적인 용어는 모두 치우도록 하자.

2. 어떤 상황이든 한 가지 이상의 방식으로 볼 수 있고, 문제 역시 한 가지 이상의 방식으로 해결할 수 있다는 것을 기억하자. 여러 가지 진실이 꼭 상호 배타적인 것은 아니다. 예를 들어, 파트너가 당신에게 거짓말을 한다 해도 여전히 좋은 사람일 수 있다. 무언가를 할 기분이 아닌 상태

에서도 그 일을 하기로 할 수도 있다. 우리는 두려움을 느끼면서도 두려움을 일으키는 일을 할 수 있다.

3. 생각이 흑백논리에 빠져 있을 때 몸의 긴장감을 기록해보자. 우리는 이런 비이성적인 상태에서 충동적인 결정을 내리기 쉽다. 몇 분간 스트레칭을 하거나, 지압 매트에 눕거나, 폼롤러를 사용해보자. 신체적 긴장을 풀어 신경계를 하향 조절하면 반응 속도를 늦추는 데 도움이 될 것이다.

4. 더 많은 보이그룹의 노래를 들어보며 가사에서 부정적인 혼잣말을 찾아보자.

# 22

# 나는 완벽해야 해

## 완벽주의를 관두는 법

I need to be
perfect

기분 나쁘게 듣지는 않았으면 좋겠다. 당신은 절대 완벽해지지 않을 것이다. 어쨌든 그러니 이 혼잣말을 완전히 내려놓을 방법을 생각해보자.

완벽하게 보이고 싶은 우리의 욕망은 기준이 높은 가정에서 자랐거나 사랑과 인정이 무조건적이지 않았던 가정환경에서 올 수 있다. 완벽함으로 관심과 애정을 받을 수 있었고, 어떤 경우에는 처벌이나 거절로부터 보호받을 수 있었다. 몇몇 완벽주의자들은 '정확히 옳다'가 '안전하고 예측할 수 있다'와 동일하다고 믿으면서 통제할 수 있다는 느낌을 추구한다.

이 신념체계의 기원이 무엇이든, 모든 인간은 자신이 가치 있다고 느끼고 싶어 한다. 이 때문에 우리는 끊임없이 무언가가 부족하다고 느끼게 되고, 그 공허함을 채우기 위해 노력하게 된다. 우리가 부족하다고 느낄 때(충분히 똑똑하거나, 날씬하거나, 재미있지 않을 때) 우리는 소속되고 받아들여질 가치가 있음을 증명하기 위해 그 부족함을 보완하려 노력한다.

짜증 나는 것은 우리가 실패할 수밖에 없다는 사실이다. 완벽함은 달성할 수 없다. 무언가가 '완벽'하다는 것은 결점도 결핍도 없다는 것을 의미한다. 인간에게 이것은 이미 불가능하다. 모든 인간은 본질적으로 결함이 있기 때문이다. 이것이 인간의 본성이다. 게다가 완벽함은 전적으로 주관적이다. 골대가 계속 움직이면 골을 넣을 수 없는 법이다. 완벽함에 대한 기대에 도달하지 못하면 지나치게 비판적인 혼잣말이 필연적으로 뒤따르고 종종 우리의 자존감과 가치를 깎아내린다.

드물게 예외도 있다고 생각한다. 한번은 깊은 자기혐오에 빠진 내담자에게 인간은 본래 완벽하지 않다는 것을 이해시키기 위해 장황하게 말을 늘어놓고 있었다.


"완벽한 사람은 있을 수 없어요."

나는 단언했다. 내담자는 나를 보며 진지하게 물었다.

"비욘세Beyoncé는요? 그녀가 완벽하지 않다는 말씀이세요?"

이런. 한 방 먹었다.

## 불완전한 자신을 받아들이기

보통 인간들에게, 우리가 아무리 노력해도 절대 완벽해지지 않을 수 있다는 사실을 직면하는 일은 고통스러울 수 있다. 대신 우리는 상황을 회피해서 위안을 얻는다. 나는 한 문장이 '완벽하다'라고 느껴질 때까지 고쳐야 한다는 강박적인 욕구에 시달려 몇 시간이고 글쓰기를 미루는 경향이 있다. '완벽한 글', '완벽한 예시', '완벽하게 독자적인 훈련'을 만들어내지 않으면 뻔하디뻔한 자기계발서나 쓰는 사기꾼으로 비칠까 봐 두려웠다.

완벽주의적 성향을 누그러뜨리는 것은 다른 사람들이 나의 행동을 어떻게 인식할지를 내가 통제할 수 있다는 '생각'을 내려놓는 것을 의미한다. '사랑스럽고 가치 있는 사람이 되려면 완벽해야 할까?' 혹은 '내 불완전함에도 불구하고 나를 온전히 받아들일 수 있는 사람이 있을까?' 또는

'이 책이 단 한 사람에게라도 도움이 된다면 그걸로 충분하지 않을까?' 등의 자기성찰적 혼잣말을 하며 자신을 스스로 점검한다.

안전지대에서의 행동을 포기하는 것은 어려우니, 좀 명령조이긴 해도 이렇게 말해야겠다. 당신은 자신을 있는 그대로 받아들여야 한다. 우리가 실패했거나 절대 충분하지 않을 것이라는 느낌을 반복해서 받는 대신, 주어진 순간에 최선을 다하는 것으로 충분하다는 사실을 받아들임으로써 우리의 사고방식을 근본적으로 바꾸기를 간절히 바란다. 사실 주어진 순간에 우리가 어떻게 행동하고 삶을 다뤘든 그것이 우리의 최선이다. 시간을 거슬러 갈 방법은 없다. 우리는 현실을 조건 없이 받아들이고 온전히 그렇게 실행하는 법을 배워야 한다. 판단하지 않고, 우리가 원하는 것이 아닌 '있는 그대로의 것'을 깨닫는 식으로 말이다.

# 완벽함의 욕구 내려놓기

같이 따라 해보자. '나는 완벽함이 불가능하다는 것을 인정한다.' 이 말을 하면서 얼굴 근육과 몸의 긴장을 풀면 저항을 줄이는 데 도움이 될 수 있다. 몇 가지 세심한 자기성찰에 들어가기 전 천천히 몇 번 반복해보자. 항상 그렇듯 이연습 역시 종이에 적으며 하는 것을 권한다!

- 당신에게 '완벽함'은 무엇을 의미하는가? 완벽함을 성취하면 어떤 모습일까?
- 완벽하지 않은 것에 대해 무엇을 두려워하는가?
- 누가 정의한 완벽함에 따라 살려고 노력하는가? 이유는 무엇인가?
- 아래 빈칸을 채워보자(원하는 만큼 많은 단어를 넣어보자).

  나는 충분히 _____ 하지 않다.
- 당신의 불완전함을 좀 더 중립적이고 긍정적으로 바라

보는 방법에 대해 써보자.

- 완벽해야 한다는 욕구를 내려놓으면 무엇이 좀 더 나아질까?

- 당신이 충분히 완벽하지 않다고 느낄 때 자신에게 말할 수 있는 좀 더 배려 있는 혼잣말에는 무엇이 있을까?

- 자신에게 물어보자. '과거의 나 자신에게 사랑받고 가치를 인정받으려면 완벽해야 한다고 말할 것인가?'

- 다음 문장을 읽으며 마무리하자. 종이에 적어서 거울이나 매일 볼 수 있는 곳에 붙여두자. 매일 이 문장들을 읽고 이것이 당신의 새로운 진리가 될 수 있도록 하자.


★ 나는 내가 불완전하다는 것을 받아들인다.

★ 나는 불완전하지만 괜찮다.

★ 나는 충분히 좋다. '충분히 좋다'면 충분하다.

# 23

# 나는 다른 사람들보다 부족해

### 비교의 틀을 깨부수는 법

Other people
are better
than me

까놓고 말해 '비교'는 우리가 언제나 질 수밖에 없는 위험한 게임이다.

온라인으로 주변 사람들의 삶을 들여다볼 기회가 늘어나며 현실은 왜곡되고 자아 인식을 악화시켰다. 우리는 자신의 최악의 버전 옆에 우리가 집착하는 것에서 '예상되는' 최고의 버전을 놓고 비교하는 경향이 있다. 우리는 소셜 미디어에서 사진을 보며 우리가 충분한지, 멋있는지, 아직 달성하지 못한 목표는 무엇인지, 우리 몸에 대해서는 어떻게 느끼는지 등을 판단한다. 비교하기로 하면 끝이 없다. 우리가 부족하다는 믿음은 우리의 자아상을 해친다.

얼마나 많은 시간을 당신의 삶을 소홀히 하고 '다른 사람들'의 삶을 원하며 고통을 겪었는가? 우리는 다른 사람들의 현실을 모두 알지 못하면서 그들의 생활 방식과 특성

등을 이상화한다. 우리는 늘 우리가 가지지 못한 것을 가진 사람들을 찾아낼 것이다. 하지만 문제는 심각한 셀프 악담을 통해 자신을 스스로 깎아내리며 비교할 때 생긴다. 비교는 우리 뇌가 자신과 삶에 대해 싫어하는 것에 지나치게 집중하게 함으로써, 자기를 꼼짝 못 하게 한다. 그러고는 다음과 같은 셀프 악담을 늘어놓는다.

- 나도 모든 일이 그렇게 쉬웠으면 좋겠어. 저 사람들은 노력할 필요도 없잖아.
- 나는 절대 저 사람들만큼 많은 돈을 벌지 못할 거야.
- 나는 저 사람들보다 투지와 헌신이 부족해.
- 항상 혼자만 다르다는 게 짜증 나.
- 나도 또래의 다른 사람들처럼 이미 자리 잡았어야 해.
- 내가 이렇게 게으르지만 않았더라면 더 빨리 성공했을 거야.
- 내가 저 사람들처럼 몸매가 좋았다면 데이트가 더 수월했을 거야.
- 나도 저 사람들처럼 친한 친구들이 많았으면 좋겠어.
- 저 사람들은 항상 계획이 있을 거야.

- 나는 저 사람들만큼의 기술이 없어서 인생에서 원하는 목표에 도달할 수 없어.
- 나는 절대 저 사람들처럼 성공하지 못할 거야.
- 나는 저 사람들의 생활 방식/부/몸매가 부러워.

당신이 이런 생각을 가지고 소중한 삶의 에너지를 소비하고 있다면, 더 나은 당신이 되기는 어려울 거라고 장담한다. 오히려 낮은 자존감과 자신을 스스로 평가절하하는 혼잣말은 우리를 마비시키고 우리 자신의 길을 개척하지 못하도록 막는다.

'당신의' 성장에 신경 쓰자. 사기를 꺾는 '비교'의 해독제는 당신이 진정으로 성장할 수 있는 것들에 초점을 맞추고, 진정성이 느껴지는 본질적인 가치를 파악하고, 자아실현을 위한 계획을 세우는 것이다.

다른 사람의 삶을 바라보며 보내는 시간은 천천히 당신의 삶을 메마르게 만들 것이다. 우리가 매년 이웃의 '완벽한' 채소 수확을 씁쓸하게 바라보는 대신 우리만의 씨앗을 뿌리고 정원을 돌보기로 한다면, 우리만의 채소들이 무럭 무럭 자라고 그 수확을 맞이할 수 있을 것이다.

**논리를 따르자.** 당신은 '비교'로 자신을 괴롭히지만, 논리적으로 생각할 때 당신이 무언가를 간절히 원한다면 그 욕구를 충족시키는 유일한 방법은 그것을 얻는 것이다. 남과 비교하는 혼잣말을 하면 행동을 취하지는 않고, 시간만 낭비하게 된다.

**관점을 바꾸는 법을 배우자.** 만약 누군가가 당신이 매우 중요하게 여기는 자질이나 배웠으면 하는 기술을 가지고 있다면, 그 방향으로 당신의 성장을 위한 조치를 취하자. 그 일을 성취하는 것이 현실적이라고 판단했다면, 목표에 도달하는 데 필요한 모든 일을 하자.

**자신에 대해 정확하게 분석하자.** 자기 환멸은 걷어내고 당신의 기술, 자질, 삶에서의 위치, 경력을 정확하게 묘사해보자. 객관적이기 어렵다면, 친구에게 전화해 (심리치료사처럼) 판단 없이 당신에게 솔직할 수 있는 사람과 이야기하자. 누구 떠오르는 사람이 있는가?

당신의 이야기에 주목하자. 당신은 어떤 증거 없이 이야기를 만들려고 할 수 있다. 예를 들어 항상 '완벽한 셀카 사진'을 올리는 인플루언서를 본다고 해보자. '나는 부족해'라는 필터를 스스로 씌우면, 팔로워들에게 자랑할 만한 사진을 찾기 위해 거의 수천 장의 사진을 찍는 그들의 내막을 놓치게 될 것이다.

당신이 하는 비교를 자세히 들여다보자. 당신은 관심도 없는 분야에서 누군가가 성공한 것에 주목하고 있는가? 당신이 이상화한 낭만적인 연애가 부러운가? 솔직하게 대답하다 보면 애초에 당신 자신과 비교할 필요가 없다는 것을 깨닫게 될지도 모른다.

강박관념을 버리자. 진정으로 자아를 발전시키는 생산적인 방법을 적어보자. 자기 성장은 타인과의 비교보다 자기애에서 비롯될 때 더 긍정적이고 오래 지속될 가능성이 크다는 것을 기억하자.

공감적 기쁨을 키우자. 공감적 기쁨은 누군가의 안녕, 성공, 행복을 기뻐하는 감정이다. 시기심을 극복하고 더 긍정적인 감정을 키울 수 있는 훌륭하고 효과적인 방법이다. 잠시 시간을 내어 부드러운 미소를 머금고 다른 사람의 행복을 축하하자. 그리고 자신에게 부드럽게 말하자.

'타인이 행복하다고 해서 내 몫의 행복이 줄어드는 것은 아니다. 타인이 성공한다고 해서 내 몫의 성공이 줄어드는 것은 아니다.'

누구나 행복해지는 파이 한 조각을 먹을 수 있다.

# 24

# 항상 내 예상대로야

## 지레짐작을 잘 다루는 법

I'm always
assuming

우리의 사고방식(지금부터 '루Lou'라고 부르겠다)은 심각한 결함이 있고 불필요한 혼란을 일으킨다. 평생 루에게 입력되는 원치 않는 정보의 양에도 불구하고, 그녀는 최선을 다하기 때문에 우리는 루를 비판하지 않는다. 하지만 솔직히 말하면 '조금' 지나칠 때도 있어서, 모든 사실을 제대로 파악하지 못한 채 지레짐작할 때도 있다. 예를 들면, 때로는 사람들의 의도와 생각을 성급하고 부정확하게 평가하도록 하여 함정에 빠뜨리기도 한다. 그런데도 우리는 루가 우리의 기분과 인식에 영향을 미치도록 많은 권한을 준다. 다음은 루('당신'의 사고방식)가 자신의 결점을 마음껏 펼쳐내는 방식이다.

점치기: 루는 자신이 수정 구슬이라도 가진 양 틀림없이

거지 같은 결과가 미래에 나타날 것이라며 우리를 기겁하게 한다. 그녀는 과거에 고생했다면 반드시 미래에도 고통받게 될 거라고 우리를 설득하는 일을 즐긴다.

독심술 : 루는 다른 사람의 마음속을 우리가 실제로 가능한 것보다 더 많이 파악할 수 있다고 믿게 만든다. 예를 들어 내가 어떤 이야기를 한다면, 루는 내 이야기가 재미있지 않거나 내가 말이 너무 많다고 말하며 우리를 걱정하게 한다.

극단적인 추정 : 루는 작은 정보 하나를 지나치게 과장해서 우리를 매우 불안하게 한다. 상담 치료 예약을 실수로 놓쳤을 때 치료사가 실망했을 것이 확실하다며 일주일을 죄책감으로 보내게 하는 식이다. (생각보다 더 자주 발생하는 일이다.)

과도한 일반화 : 루는 저장된 기억이나 사실적 경험을 가지고 비현실적이거나 비합리적일 만큼 일반화한다. 데이트 앱에서 관심 있는 사람과 이어지지 않는 경우를 상상해

보자. 냉정한 루는 '넌 앞으로 절대 아무도 만나지 못할 거야'라고 단언한다.

꼬리표 붙이기 : 루는 우리 자신과 주변 사람들의 특성에 꼬리표를 붙일 때 우리의 신념에 의존한다. 우리는 꼬리표에 기초해 정체성을 판단하는 경향이 있어서, 유감스럽게도 이 방식은 꽤 부정적인 결과를 초래할 수 있다. 예를 들어, 루가 게으른 사람들은 실패자라고 말하면, 우리는 게으르게 행동할 때마다 자신에게 실패자라는 꼬리표를 붙이게 될 것이다.

## 사실에 충실하기

루를 알아가는 것은 당신의 마음이 당신의 전부는 '아니라는' 사실을 이해하는 방법이다. 루의 잘못뿐만 아니라, 혼잣말과 행동을 변화시켜 루의 말에 반응하는 우리에게도 책임이 있다. 아마 루는 상사가 우리의 휴가 신청을 빨리 처리해주지 않을 때, 상사가 휴가를 달갑게 여기지 않을 것이라고 믿게 할 것이다. 결국 당신은 '휴가를 그냥 요청하지 않았더라면' 하고 생각하게 될 것이다. 이때 상사가 당신의 요청이 귀찮았을 것이라고 예상하는 대신, 상사의 무응답에 대한 여러 가지 그럴듯한 이유를 스스로 대는 것은 '우리가' 해야 할 일이다. 또한 열심히 일했으니 휴가를 받는 것은 직장 환경에서 완전히 합리적인 일임을 인정해야 한다.

### 루의 지레짐작 다루기

수정 구슬 내려놓기 : 과거의 경험을 바탕으로 '나쁜' 결과를 예측하는 전형적인 시나리오를 생각해보자. 그 상황에서 어느 정도 통제할 수 있는 부분이 있는지 살펴보자. 다른 결과를 만들어낼 수 있도록 자신에게 힘을 실어주기 위해 무엇을 할 수 있는가?

텔레파시 포기하기 : 루의 이야기에 빠져 있다 보면 머릿속이 너무 복잡해 그다지 쓸모 있는 생각을 할 수 없어진다는 사실을 기억하는가? 당신이 잘못된 전제로, 혹은 충분한 정보 없이 다른 사람의 생각을 추측했던 상황이 있다면 적어보자. 결과는 어땠는가?

작은 일을 크게 부풀리지 않기 : 연기 냄새가 났다고 해도 무조건 불이 난 것은 아니다. 당신은 주로 어떤 일을 지나치게 부풀리는 경향이 있는지, 그리고 그것이 당신의 이후 행동에 어떤 영향을 미치는지 생각해보자.

일반화하지 않기 : 팬데믹 기간에 새로운 직장에 지원했던 많은 사람이 연락을 받지 못했거나 면접 단계를 통과하지 못했다. 사람들은 결코 직업을 얻지 못할 것이라고 너무 빨리 확신했고, 의기소침해져 입사지원을 중단했다. 당신의 일반화된 혼잣말이 결과에 부정적인 영향을 미쳤던 때에 대해 써보자.

꼬리표 달지 않기 : 개인이나 집단의 행동을 예상할 때 꼬리표를 사용해 잘못된 추론을 했던 경험을 더 깊이 살펴보자. 꼬리표가 당신에게 어떤 영향을 미쳤는가?

# 25

# 이렇게 느끼고 싶지 않아

불편한 감정을 받아들이는 법

I don't want to
feel this way

그럴 법도 하다. 기분이 나쁜 것은…, 기분이 나쁘니까. 하지만 그럴 만한 이유가 있다.

우리가 내적 세계를 묘사하는 언어를 배우기 전에 우리는 옥시토신oxytocin(#사랑), 코르티솔cortisol(#스트레스), 도파민dopamine(#행복)과 같은 신경전달물질neurotransmitter 을 통해 감각을 경험한다. 감정에 대한 이러한 신체적, 생리적 경험은 감정이 '좋다' 혹은 '나쁘다'로 구별될 수 있다는 인식의 바탕이 된다. 물론 언어로 구분하지 않는다면 둘의 차이는 없다.

동시에 우리의 양육자는 신체 언어, 표정, 어조, 행동, 언어를 사용하여 우리의 감정 표현에 대한 반응을 보인다. 예를 들어 우리가 울 때마다 부모님이 어쩔 줄 모르고 불안해한다면, 우리는 울음(그리고 그 이면의 감정)이 받아들여지기 어려울 수 있다는 것을 깨닫는다. 우리는 특정 감정이 장려되는 반면 다른 감정은 저지된다(혹은 평가절하되거나 무효가 되거나 망신당한다)는 것을 알아차린다. 그래서 우리는 감정을 인간으로서 자연스럽게 느끼는 정상적인 현상으로 보는 대신, 그것들을 판단하도록(또는 싫어하거나, 피하거나, 저항하도록) 배웠다.

따라서 감정이 사실 '근본적으로' 해가 없는 것이라면, 우리는 어떤 감정이 바람직하지 않은 부정적 경험이라는 신호를 뇌에 보내는 것이 바로 우리의 반응('좋아하지 않는다', '원하지 않는다')이라고 결론내릴 수 있다. 불편한 감정의 오르내림을 더 이상 두렵거나 피해야 할 것으로 보지 않고 관계를 변화시킬 수 있다면, 어떤 감정이 일어나든 그것을 판단하는 대신 있는 그대로 받아들일 수 있다.

당신의 생각이 좋지도 나쁘지도 않다는 것을
의식적으로 인정하자. 높은 나뭇가지에 앉아 있는 부엉이처럼,
높은 곳에서 생각, 감정, 감각의 흐름을 관찰하자.

# 나의 마음 관찰하기

당신이 이미 어떠한 감정을 느꼈다면, 그 경험을 판단하는 것이 무슨 의미가 있을까? 만약 특정 방식으로 감정을 느끼고 싶지 않다면, 그것을 바꾸기 위해 무언가를 해야 한다. 내면의 경험을 관찰하는 법을 배우는 데는 '훈련'이 필요하며, 다음 연습으로 시작해볼 수 있다.

특정 감정이나 일련의 생각에 저항하게 될 때마다 일단 멈추자. 저항은 현실이 대신 무언가 다른 것이 되기를 바라는 것이다. 당신이 하고 싶은 일이 무엇이든 진정으로 그것을 가치 있게 여기고 전념하겠다고 다짐하자.

일방적으로 판단하지 않는 법을 연습한다. 당신의 생각이 좋지도 나쁘지도 않다는 것을 의식적으로 인정하자. 높은 나뭇가지에 앉아 있는 부엉이처럼, 높은 곳에서 생각, 감정, 감각의 흐름을 관찰하자. 판단하지 않으면 더 이상 당신의 신경계에 무언가가 나쁘다는 신호도 가지 않기 때문에, 경험에 대해 무엇인가 해야 한다는 압박감도 없다.

생각을 전기와 같은 뇌의 단순한 현상으로 생각하는 법을 배우자. 예를 들어 당신이 또래들과 비교했을 때 얼마나 뒤처져 있는지에 대해 생각하고 있음을 깨달았다면, 그 생각에서 발생하는 괴로움에 주목하자. 이 괴로움은 모두 당신의 마음이 만든, 자기 파괴적인 혼란이다.

평생 이것을 반복해서 연습하자.

# 26

# 인생은 불공평해

## 불공평함에 현명히 대응하는 법

Life is unfair

과학자들은 진화적으로 우리가 '공평함'을 인식하도록 타고났으며, 불공평함을 경험하거나 목격할 때 편도체가 활성화되어 불안이나 좌절과 같은 감정이 밀접하게 뒤따른다는 것을 발견했다. 우리는 일찍부터, 종종 사소한 문제에 맞닥뜨리며 불공평함을 경험하게 된다. 아마도 우리는 억지로 모래놀이 삽을 같이 쓰거나, 그네를 번갈아 타야 했을 것이다. 얼마 되지 않아 훌쩍거리는 소리가 나오고 입술이 떨리며 작은 손에 주먹이 쥐어진다. 우리는 다른 아이가 우리보다 훨씬 더 긴 시간 동안 놀았다고 확신하며 공평하지 않다고 느낀다. 내가 부모라면, 이렇게 말할지도 모른다.

"애야, 지금이 바로 인생과 공평함에 대한 기대에 관해 중요한 교훈을 얻기 좋은 기회란다…"

십 대 때는 별별 사소한 이유로 외출 금지를 당해 친구네 집 밤샘 파티에 혼자만 가지 못하고 "뭐야, 불공평하잖아!"라고 말하고 싶은 경험을 하게 된다. 그 후 자라면서는 연애 관계에도 유서 깊은 감정적 응어리가 끼어들 수 있다는 것을 깨닫게 되고, 곧 불공평한 책임의 불균형을 받아들이려 애쓰거나 파트너의 잘못을 지적하기 위해 앙갚음하는 중에 갈등을 겪게 된다.

불공평함은 질긴 잡초처럼 사방에서 자란다. 내가 사랑하는 사람들이 나를 사랑해주지 않거나, 충분한 돈을 받지 못하는 일을 하거나, 공감 능력이 떨어지는 사람들이 인생에서 앞서나가거나, 꿈도 꾸지 못할 재능을 누군가가 가지고 태어나거나, 모든 사람이 연애할 때 나만 혼자이거나, 친구들은 장애물도 없이 인생을 보내는 것 같은데 나만 기회를 잡기 위해 고군분투하거나 하는 식이다. 목록은 끝도 없이 이어진다. 심지어 일상에서 일어나는 일 외에도 나라와 전 세계에서 일어나는 심각한 구조적 부당함은 포함되지도 않은 것이다.

그래서 나는 이렇게 말할 수 있다. 제기랄, 인생은 공평하지 않다. 그렇다고 부디 내게 화풀이하지는 말기를 바란다.

나는 매일같이 삶이 자신을 망쳤다고 믿는 사람들의 고통스러운 감정들을 알아내며 하루를 보낸다. 특히 우리가 정말로 부당한 대우를 받을 때도 있어서 정말 미치도록 짜증이 난다. 인간으로서 우리는 잘못을 바로잡기를 간절히 원하거나, 처음 일어났던 그 당시의 상황에 대해 곰곰이 생각하기도 한다.

그러나 우리를 가장 고통스럽게 하는 혼잣말은 우리가 싫어하는 삶의 측면(그중 많은 것들은 어떤 면에서든 우리가 행동했거나 행동하지 않은 것에 관한 결과다)에 대한 책임을 회피하기 위해 '공정성'의 개념을 사용한다. 당신은 다른 사람들의 장점과 성공의 불공평함에 대해 생각해본 적이 있는가? 혹은 왜 아무리 노력해도 직장에서 충분한 급여를 받지 못하는지에 대해 불평한 적 있는가?

비교나 두려움에 얼어붙는 대신, 그 시간에 기술을 개발하거나 임금 인상을 요구할 용기를 낼 수도 있었다는 것을 인정하기 어려울 수도 있다. 당신이 좋아하지 않는 어떤 점에 직면하는 대신, 그것을 비난하거나 스스로를 피해자로 만든다. 불행하게도, 불공평함을 곱씹는 것은 당신의 소중한 에너지를 낭비할 뿐만 아니라 어떤 결과도 바꾸지 못한다.

## 공평함 재해석하기

불공평함은 삼키기 쓴 약이니 시원하고 맛있는 음료로 이겨내기를 바란다.

먼저, 공평함에 있어 우리가 '통제할 수 있는 상황'과 '통제할 수 없는 상황'이 있다는 점에 유의하자. 우리의 인식이나 실제 통제 가능한 수준과 상관없이, 우리는 무력하지 않다. 우리는 일상적인 행동, 타인과의 상호작용과 공정성을 융화시키는 방법을 선택할 수 있다. 더 중요한 것은, 우리에게 닥친 좋지 않은 상황을 어떻게 대응할지에 대해 스스로 선택할 수 있다는 것이다.

결혼식 날 비가 오기도 하고, 담배를 피지 않아도 폐암에 걸리기도 한다. 죄 없는 사람들에게 빌어먹을 나쁜 일들이 일어난다. 우리가 통제할 수 없는 상황에 관한 한, 실제로 다뤄야 할 것은 사실 불공평함이 아니라 특권의식이다. 우리는 우리의 선행이나 성취에 대해 인정받기를 원하며 타인이나 우주가 우리에게 무언가 빚졌다고 믿는다. 우리는 우리가 마땅히 받아야 할 공정한 대가를 원한다. 우리는 말썽 없이 잔잔한 삶을 원한다.

하지만 삶은 당신의 행복 따위는 개뿔도 신경 쓰지 않으며 우주에는 숨겨진 의도가 없다. 페마 초드론은 "인간으로서 우리는 답을 찾을 뿐만 아니라 그 답을 얻을 자격이 있다고 생각한다. 그러나 우리는 답을 찾을 자격이 없을 뿐만 아니라 그 답으로 인해 고통받는다"라고 했다.

우리가 다른 결과를 얻을 자격이 있다고 생각하며 삶의 불공평한 순간을 곱씹고 우리가 통제할 수 없는 상황의 희생자인 양 행동하는 것은, 우리를 과거에 묶어놓으며 무력감을 조장한다. 우리가 현실을 받아들이지 않을 때 고통받는다는 교훈을 기억하자. 현실을 받아들일 때 우리는 자유로워진다. 한마디로 평화는 우리가 인지한 '불공평'에 대한 우리 반응에 달려 있다.

## 불공평함을 전환하는 일곱 가지 'A'

당신이나 타인의 삶이 불공평하다고 생각해온 모든 방식을 인식acknowledge하자. 당신의 생각을 판단하지 않도록 최선을 다하자. 단순히 인정하면 된다.

분노나 슬픔과 같은 어려운 감정이 자유롭게 나타나도록 허용allow하고 가끔 멈춰서 당신의 몸이 어떻게 느끼는지를 알아차리자. 힘든 감정적 경험을 멈추려 노력하는 것이 아니다. 부당한 취급을 받았다고 느끼거나 부당함을 목격할 때의 매우 '정상적인 감정'을 위한 자리를 마련하는 것이다. 결국 이 훈련은 우리의 감정적 반응을 줄여 우리가 생산적이고 세심한 방식으로 반응할 수 있도록 도와줄 것이다.

자신에게 질문ask해보자. '내가 이 경험을 통제할 수 있었는가?' 불공평한 경험을 지속시키거나 만들어내는 데 당신이 어떤 역할을 한 것인지, 혹은 삶의 우연성이나 타인의 행동이 불공평함을 만들어낸 것인지를 파악하자.

삶은 불공평하며 모든 인류에게 영향을 줄 수 있는 우연으로 가득하다는 현실을 받아들이자accept.

기대치를 조정adjust하자. 공정성을 기대하지 않으면 부당하다고 느낄 수 있는 결과로 고통받을 필요가 없다.

새로운 사고방식에 적응adapt하자. 당신이 얼마나 더 많은 고통을 쌓아갈지, 궁극적으로 당신이 느끼는 반응을 제외하고는, 불공평함에 대해 아무것도 통제할 수 없다는 것을 상기하자.

현명하게 행동act하자. 당신이 냉대받았던 이야기를 계속하며 자신의 영향력을 포기하는 대신, 이제는 당신이 얼마나 오랫동안 슬퍼하고, 우울해하고, 화를 내고, 분개하고, 또는 어떤 결과를 받아들이기를 거부할지에 대해 스스로 선택할 수 있다는 것을 깨닫자.

# 27

# 남의 말이 지나치게 신경 쓰여

타인의 말에 흔들리지 않는 법

I take things
too personally

이 책에 흩어져 있는 내 무례한 말들을 너무 개인적으로 받아들이지 않았기를 진심으로 바란다. 혹시 개인적으로 받아들였다면, 그것은 당신 탓이 아니라, 두뇌 때문이라는 것을 확실히 하고 싶다.

'네 탓이 아니야, 내 문제 때문이야'라는 진부한 이별 대사의 창의적인 버전처럼 들리지만, 실은 우리 정신세계의 중심에 우리가 머물러 있을 수 있도록 하는 것은 우리 두뇌 신경임을 상기시켜주는 중요한 말이다.

우리의 마음은 항상 위험이 있는지 주변을 살피고 있으며, 이 경우에는 자아(자의식 또는 조건화된 동일시)에 대한 감지된 위협에 대응할 준비가 되어 있다. 불행하게도 우리의 공포심은 현대의 심리적 스트레스 요인에 잘 대처하도록 진화하지 않았기 때문에, 우리 내면의 목소리 대부분은 무의식적인 방어 메커니즘에 뿌리를 두고 있다.

　그렇다고 자신을 탓할 필요는 없다. 개인화는 우리의 취약한 정신을 보호하기 위한 매우 일반적인 방어 반사 작용이다. 우리가 (양육자나 동료 등에게) 받아들여지거나 사랑받기 위해 충족해야 하는 조건이 있음을 알게 되면, 개인화는 비판이나 평가절하의 결과로 나타날 수 있다. 우리가 소속감의 가치에 대한 누군가의 기준을 충족하지 못한다는 것을 인식하면 마음은 두려움에 빠진다. 이 두려움 때문에 우리는 자아상을 위협한다고 믿는 것으로부터 자신을 스스로 방어하기 위해 반응하게 된다.


　우리 각자는 우리의 개인화를 부추기는 불안감을 가지고 있다. 나는 내가 열정적으로 말하는 방식에 대해 다른 사람들을 의식하게 된다. 나는 별로 간결하게 말하는 스타일이 아니다. 나는 성장하면서 과하게 열정적인 내 대화법에 대해 끊임없이 부정적인 반응을 얻었다. 수년간 누군가가 내 이야기가 길다고 무심코 말하거나, 내가 말을 많이 한다며 장난스럽게 언급하면 나는 얼굴이 뜨거워졌고 예민하거나 냉소적으로 행동하곤 했다.

대부분의 반응은 악의가 없었음에도, 나는 평가절하, 잘못에 대한 지적, 오해, 거절에 대해 냉정하게 반응해본 적이 없다. 물론 방어적인 태도를 고치는 것도 중요했겠지만, 내가 너무 예민하다는 판단을 강화하고 내가 실제로 경험한 것을 쓸데없다고 깎아내리기도 했다.

## 개인화하지 않는 법 배우기

대부분 사람이 우리에게 상처를 주려는 의도가 없는데도, 모든 것을 마음에 담아두면 스스로 더 많은 고통을 만들어낸다는 문제가 생긴다. 다른 사람들의 행동은 '절대' 우리와 상관없다. 인간이 말하는 것은 기본적으로 자신의 불안함, 두려움, 욕구, 가치, 필요 등의 렌즈를 통해 걸러진 그들 자신의 현실을 투영한 것이다. 만약 당신이 이 진리에 따라 살기로 한다면 다른 사람의 행동을 개인화하는 모든 반응을 멈출 수 있다.

다음은 몇 가지 개인화의 결과와 반응 방식이다.


• 부정적인 생각, 감정, 당신에 대한 다른 사람들의 의견을 과잉 동일시해 자신의 정체성을 규정하는 것.

→ 객관성을 유지하기 위해 주의 깊은 자각을 기르자. 하나의 실수나 고립된 행동으로부터 심각한 성격적 결함을 추론하지 말자.

• 합리화, 정당화, 부인, 가스라이팅, 비난에 대한 반사적 또는 무의식적 방어 반응.
→ 사실을 판단하기 위한 자기 인식을 기르고 결점이 있는 자신에 대한 자기 연민을 실천하자.

• 당신의 잘못이나 결함으로 인한 일에 대해 죄책감에 사로잡히거나 곱씹는 것.
→ 바람직하지 않은 결과가 발생했을 때 책임을 지고 변화로부터 이익을 얻을 수 있는 부분이 있다면 노력하자.

• 다른 사람들의 감정적이고 행동적인 반응에 대해 책임감을 느끼는 것.
→ 인간은 각자 자신의 행동과 정서적 안녕에 책임이 있음을 이해하자. 누군가의 기분 상태나 반응에는 많은 요인이 영향을 미친다는 것을 인식하자.

• 자기 비난으로 인한 낮은 자존감/자부심, 그리고 살면서 부딪히는 고통과 실망은 개인의 실패라는 믿음.
→ 힘들었던 경험이나 낙담했던 결과는 인간으로서 자연스러운 것임을 인정하고 자기 연민을 실천하자.

• 미움받는 것, 타인이 결점을 알아차리는 것에 대한 두려움/우리가 어떻게 보일지에 대한 강박적인 생각과 걱정으로 인해 사회생활에 어려움이 생기는 것.
→ 타인이 자신에 대해 어떻게 생각하는지 걱정하고 궁금해하는 것은 누구에게나 당연하다고 생각하자. 누군가가 당신을 좋아하지 않을 수도 있다는 생각에 동요하지 않도록 당신의 핵심 가치를 강화하자. 모든 인간에게는 각자의 심각한 결함이 있음을 알자.

• 건설적인 비판을 과잉반응하거나 지레짐작하는 것, 쉽게 상처받아 판단을 더 두려워하게 되는 것.
→ 건설적인 비판의 의도를 이해하고 대부분 사람에게는 우리를 평가절하하려는 숨은 의도가 있지 않다는 것을 이해하자. 삶의 모든 측면에서 배우고 더 나은 사람

이 될 수 있음을 기쁘게 생각하고 건설적인 피드백을 기꺼이 받아들이자.

• 타인을 잘못 파악했을 때 사람들에게 부정적인 특성을 잘못 부여하는 것, 연인과 친구 사이에서 잘못된 의사소통과 오해로 인해 더 큰 갈등을 초래하는 것.
→ 우리의 부정적 필터를 통해 개인화하고 지레짐작하는 대신, 사람들에게 그들이 실제로 무엇을 의미하는지 물어보는 방법을 배우자.

28

# 내 책임인 것 같아

과도한 책임감을 내려놓는 법

I feel
responsible for
other people

작은 비밀 하나를 말해주겠다. 우리 심리 치료사들은 해결되지 않은 구원자 콤플렉스savior complex 덕분에 생계를 유지한다.

다른 사람에게 책임감을 느끼는 것은 대개 부모의 불안정하거나, 예민하거나, 시큰둥하거나, 예측할 수 없는 감정이 지배적인 가정에서 자란 결과다. 부모가 정서적 안정이나 규제를 제공하지 못하면, 자녀는 그 혼란을 완화하기 위해 어쩔 수 없이 부모 노릇을 하게 된다. 또한 집에 있는 어른들에게 의지할 수 없다는 것을 알기 때문에 자신의 투쟁을 숨기는 법을 배우게 되기도 한다.

'책임감 느끼기'와 '책임감 선택하기'를 구별하는 것이 중요하다. 우리는 감정 상태와 지나치게 동일시하는 경향이 있어서, 타인의 감정적 또는 정신적 안녕을 돌봐야 한다는 '느낌'이나 '압박'에 사로잡힐 때, '내 책임인 것 같아'라는 혼잣말의 함정에 더 빠지기 쉽다. 어느 정도의 죄책감이나 조작까지 더해진다면 더 말할 것도 없다. 우리는 우리가 책임지지 않으면 어떤 일이 생길지 두려워하기 시작한다.

하지만 누군가가 지나치게 도움을 요구할 때도, 우리에게는 빠져나올 힘이 있다. 만약 우리가 계속해서 다른 사람의 감정 상태에 책임이 있다고 확신한다면, 우리는 남의 비위를 맞추는 사람, 지나치게 순응하는 사람이 되거나 우리 자신의 필요와 경계를 무시하는 사람이 될 위험이 있다.

## 책임에 대해 묻기

내가 다른 사람의 감정이나 나쁜 기분에 책임이 있다고 믿거나, 다른 사람의 성공이나 실패에 결정적인 요소가 될 만큼 나의 책임이 크다고 생각하지 않아도 삶은 이미 매우 힘들다. 다른 사람의 감정과 행동을 좌지우지하게 만드는 힘을 가지고 있는 것처럼 믿고 행하는 것은 현실적이지도, 지속 가능하지도 않다.

'네가 그렇게 만들었잖아'라는 말은 누군가가 우리에게 감정적이며 행동적인 반응을 일으킨다고 비난하는 데 사용된다. 이 말은, 실제로는 전혀 통제할 수 없는 것임에도 우리가 할 수 있는 것처럼 느끼게 만든다. 하지만 우리는 종잡을 수 없는 감정적 자아에 무력감을 느끼지 않고, 더 건강하게 스스로 책임지는 법을 배울 수 있다.

## 자기 일만 책임지는 법

성인은 모두 자신의 삶에 대해 주체성을 가지고 있음을 인식하자. 그들은 궁극적으로 자신의 삶을 만족스럽게 만들 수 있는 선택을 하는 사람들이다.

다른 사람의 혼란을 막기 위해 당신이 가지고 있다고 생각하거나, 원한다고 생각하는 통제력을 내려놓자.

잘못했다는 증거가 없으면 사과하지 말자. 종종 나는 세션이 거의 끝나갈 때, 판도라의 상자를 열어 살펴보느라 정해진 시간을 넘겨 내담자와 이야기하곤 한다. 내가 질문을 계속하는 도중 내담자가 시간을 알아차리면, 그들은 "어머, 정말 죄송해요. 제가 상담 시간을 초과했네요"라고 말하는 경향이 있는데, 나는 늘 "에이, 계속 이야기하기로 '결정'한 건 저예요" 하고 대답한다.

다른 사람의 혼란이나 불만에 감정적으로나 신체적으

로 반응하는 방법을 당신이 직접 선택할 수 있음을 받아들이자.

가정교육, 직장에서의 스트레스, 트라우마 등 한 사람의 행복에 진정으로 영향을 미치는 다양한 요소에 대해 생각해보자. 이렇게 하면 당신이 그들에게 영향을 미치고 있다고 잘못 생각하는 방식에서 벗어날 수 있게 해줄 것이다.


당신의 한계를 살펴보자. 감정적 한계를 존중하지 않거나 변덕스러운 감정으로 살얼음 위를 걷게 만드는 사람과 교류하느라 책임감을 느끼고 있는가? 다른 사람의 감정에 책임을 진다는 것은 종종 당신의 감정과 그들의 감정 사이 경계가 흐려진다는 것을 의미한다.

당신이 누군가의 부정적 경험의 원인이라고 생각해 죄책감을 느끼기 시작한다면, 반복해 말할 수 있는 주문을 만들어보자. '나는 이 사람이 살아가는 데 겪는 투쟁과 불만에 책임이 없다. 이들도 나처럼 책임질 수 있는 능력이 있다'와 같은 내용이면 된다.

다른 사람과 관계를 맺을 때 '공감'과 '연민'의 차이를 이해하자. 공감은 누군가의 입장이 되어 그들의 고통을 예민하게 함께 경험하는 것이다. 연민은 누군가의 고통을 인정하고 곤경에 처한 누군가를 돌보거나 걱정하는 것이다. 공감은 다른 사람의 감정을 이해하는 데 중요하지만, 우리의 것도 아닌 강렬한 감정을 느끼다 보면 지치게 될 것이다.

공감 대신 연민으로 옮겨가면 우리가 피로해지지 않게 하거나 계속해서 책임감을 유지하는 데 필요한 여분의 공간이 생긴다. 우리는 자신의 신경계를 조절하면서 현재에 머무르는 연습을 할 수 있다. 그러면 우리의 모든 감정적 자원에 부담을 주지 않고, 이해와 따뜻함의 공간 안에서 행동할 수 있게 될 것이다.

# 29

# 끝나지 않을 것 같아

## 삶의 비관을 멈추는 법

This feels
like it will last
forever

고통을 경험하는 모든 사람은 "이건 절대 끝나지 않을 것 같아"라고 생각한다. 나 또한 당신과 다르지 않았다.

5년 동안 사귀었던 남자친구와 헤어졌을 때 느꼈던 엄청난 마음의 고통을 기억한다. 열여덟 살 때 나는 우리가 결혼하리라고 확신했다. 그로부터 5년 후, 우리가 함께 살던 보스턴의 집을 떠나며 나는 걷잡을 수 없이 흐느꼈다. 행복할 수 있는 최고의 기회를 완전히 망쳐버렸으니 절대로 이 아픔에서 벗어날 수 없을 거라는 생각에 겁이 났다. 다시는 그와 같은 사람을 만나지 못하고, 평생 후회의 고통을 안고 살게 될 거라 믿었다. 그리고 3개월 후, 나는 '틴더 Tinder'라는 소개팅 앱을 이용하는 첫 밀레니얼 세대 중 한 명이 되었다.

감정적인 고통은 우리의 시간 감각을 왜곡해, 우리가 영원히 괴로움과 정신적 고통을 견뎌야 할 것이라는 착각을 일으킬 수 있다. 게다가 투쟁-도피 반응이 시작되면 시야가 좁아지고 현재의 내부 혼란 상태 밖의 가능성을 보는 것은 거의 불가능해진다.

우리의 신경계가 작동하면 (의식적인 의사 결정, 장기 계획, 자제력을 담당하는 뇌의 부분인) 전전두엽 피질prefrontal cortex이 마비된다는 것을 기억하자. 특히 감정과 기분을 조절하는 데 어려움을 겪는 사람들에게 불쾌한 감정에 대한 경험은 더 강렬하게, 더 오래 지속된다.

고등학생 시절 친구들 앞에서 창피했던 순간을 기억하는가? 소중한 사람과의 예상치 못한 이별은 어떤가? 누군가에게 배신당했던 경험은? 우리는 모두 상처받은 상태에 너무 깊이 빠져 마음챙김도 불가능할 뿐만 아니라, 피할 수 없는 불행으로 구불구불한 길을 놓았던 순간들이 있다. 영속성의 개념에 대한 인간의 집착 때문에 우리의 혼잣말은 반추와 생각의 소용돌이를 강화하는 우리의 비관적 태도를 반영한다.

우리는 바뀔 수도 없고 바뀌지도 않을 거라고 확신했던

첫 번째 장을 다시 살펴보자.

## 모든 것은 일시적이다

불가피한 변화가 절대 일어나지 않기를 바라는 많은 것들이 있다. 나는 놀라운 속도로 성장하는 내 강아지와 새끼 고양이를 보며 거의 매일 아쉬움에 넋두리한다. 그러나 실연, 정체성 위기, 우울한 사건, 특정 후보의 선거운동과 같이 빨리 끝나기를 바라는 고통을 유발하는 경험은 어쩐지 영원히 지속될 것처럼 느껴진다.

삶은 불확실한 방식을 휘두르며 계속해서 불안을 증폭시키는 것 같고, 우리는 알지 못하는 데서 오는 두려움에 시달린다. 결국 모든 것은 사라진다는 사실을 기억하기는 더 어려워진다.

인간의 몸에서는 매일 약 2조 개에 달하는 세포가 분열한다. 악천후, 모든 종류의 고통, 우리의 몸, 그리고 삶 그 자체까지, 그 어떤 것도 영원하지 않다. 무상함을 인정하면, 우리는 미래의 고통을 견디는 것에 대한 두려움을 내려놓을 수 있다. 우리는 그것이 끝나리라는 것을 알고 있기 때문이다.

어떤 것도 영원히 지속되지 않을 것임을 온 마음과 온 힘을 다해 이해하자.

# 30

# 나만 이렇게 힘들어

혼자만 힘들다는 생각을 그만두는 법

I'm the only one
who struggles
like this

때때로 고통스러운 경험은 너무 강렬하거나 이상하거나 부끄러운 마음이 들어서 우리는 그 경험에서 고립감을 느낀다. 자신만큼 결함이 있거나, 이상한 생각을 하거나, 이기적으로 행동하는 사람은 아무도 없는 것처럼 느낄 수 있다. 나 외의 다른 모든 사람이 어떻게든 '더 올바른' 삶을 살고 있다고 믿을지도 모른다.

나는 누군가 그들 자신이 얼마나 나쁜지에 관해 이야기할 때면, 보통 그들이 자신의 고통 속에서 고립감을 느끼고 있다는 것을 발견한다. 내가 그들을 안심시키거나 그들의 신념체계에 도전하려고 하면 그들은 내 쪽으로 몸을 숙이고 목소리를 낮추어 말한다.

"아니야. 당신은 이해 못 해. 나는 쓰레기 같은 인간이야."

나는 당신이 특별한 사람이라고 생각한다. 그러나 이 책이 당신만을 위해 쓰인 것이 아님을 기억하자. 당신이 어디로 향하고 있든 적어도 몇몇 다른 사람들도 함께 타고 있다고 가정하자. 지구에 수십억 명의 다른 사람들이 있다는 것을 알지 않는가? 당신처럼 어둡거나 이상한 생각을 하는 다른 사람이 한 명도 없다는 것은 매우 비논리적이다.

당신 마음의 방식이나 떠올리는 생각에 있어서도 결코 혼자만의 것이 아니다. 나를 믿기를 바란다. 혹 충격적이게도 이 지구상에 사는 80억 명의 사람 중 정말 당신만이 유일하게 힘든 사람이라면…, 기네스 세계 기록에 올라갈 만한 업적을 남긴 것을 축하한다.

자신을 상대로 사용했던 모든 거지 같은 말과 생각이 그려진 벽화 앞에 서 있다고 상상해보자. 한 걸음 뒤로 물러서서 마지막으로 한번 벽을 바라보며 혼잣말이 당신에게 끼친 해악을 인정하자. 그리고 다시 벽화 앞에 서서 무겁고 고통스러운 붓질로 그 말들을 모두 지우자. 그 옆에는 당신의 삶에 들여놓을 새롭고 기운 나는 단어들을 적어보자. 한 걸음 물러서서 그 단어들을 소리 내 읽어보자. 스스로 그 말을 할 때 어떤 기분이 드는지 알아차리자. 그리고 다시는 뒤돌아보지 말자.

•

# 두려움 없이 뚫고 나가기

No More
Talking Shit

# 31

# 사람들이 나를
# 어떻게 볼지 걱정돼

## 타인의 시선에 의연해지는 법

I'm afraid of
what they'll
think of me

솔직히 말하면, 당신이 이 책을 읽으며 저자인 나에 대해 어떻게 생각할지 조금 걱정됐다. 누구나 이런 혼잣말을 한다.

'사람들이 우리를 어떻게 생각하는지 관심을 두는 일'이라는 주제만 가지고도 부정적이며 두려움에 기반한 자기비판적인 주장과 생각을 끊임없이 만들어낼 수 있다. 사람들이 나의 외모, 무엇을 말하고, 어떻게 말하는지, 내 성격, 결점에 대해 어떻게 생각할지 두려워한다. 사회적 자아에 관한 한 괜찮은 자존감을 유지할 만큼 운이 좋거나 열심히 일한 사람들도, 어떤 식으로든 거절당하거나 '발각'될 것이라는 기본적인 두려움을 완전히 내려놓기는 어렵다.

우리 중 많은 사람은 우리가 사랑받거나 받아들여질 수 없다는, 다듬어진 핵심 신념으로 인해, 우리가 어떻게 인식

될지에 대해 과장된 두려움을 가지고 있다. 이 가혹한 혼잣말은 타인의 인정이 달린 일을 할 때 우리가 특별히 조심해야 한다는 것을 상기시켜준다. 대인관계에서 두려움에 기초한 사고방식을 가지면 우리는 남의 비위를 맞추는 사람, 버릇처럼 지나치게 사과하는 사람, 스스로 자책하는 사람, 순응하는 사람, 줏대 없는 사람으로 변할 수 있다.

궁극적으로, 사람들이 우리에 대해 어떻게 생각하는지에 대해 지나치게 신경을 쓰는 한, 우리는 이 책에 있는 40가지 혼잣말 중 일부를 계속해서 반복할 것이다. 그리고 그것은 잠재적인 사회적 거절의 고통으로부터 우리 자신을 보호하기 위한 것일 뿐이다.


우리는 집단으로부터 인정받는 느낌을 갖고 싶어 하기 때문에, 부족하다고 생각하고 두려워하는 것을 만회하기 위해 특정한 방식으로 행동해야 한다고 믿는다. 그리고 이에 가식적인 방식으로 행동할 수도 있다. 나의 가장 친한 친구는 우리가 중학교 때 뮤지컬부에서 어떻게 만났는지를 이야기하곤 한다. 아니, 좀 더 정확히 말하면, 시끄럽게 떠들며 반에서 개그맨이 되고자 했던 내 (순진한) 관심 끌기를, 그녀가 어떻게 알아차렸는지에 관한 얘기다. 친구는 매번 내게 말한다.

"처음에는 네가 짜증 나는 애라고 생각했어."

인정받으려는 내 행동은 우스꽝스러운 것부터 민망한 것까지 다양했기 때문에, 나는 내가 밉살스러웠다는 것을 안다. 그 나이의 나는 어쩌면 다른 아이들이 나를 어떻게 생각하는지에 대해 뚜렷하게 걱정하지는 않았을지 모른다. 하지만 나는 확실히 은연중에 소속감을 느끼고 싶은 간절한 욕망이 풀리도록 행동했다. 내 마음 어딘가에는 근본적인 결핍을 감추기 위해 내가 특별해야 한다는 무의식적인 감각이 있었기 때문에, 그렇게 열심히 노력했던 것 같다. 친구와 나는 18년 넘게 각별한 우정을 유지하고 있으니, 궁극적으로 이것은 승리의 이야기다.

## 회복탄력성 개발하기

자라면서 우리는 사랑받기 위해 무엇을 하고 무엇을 하지 말아야 하는지를 배우는 사회적 경험을 해왔다. 인간은 집단에 속해서 사람들의 존경과 신뢰를 얻을 때 생존할 수 있는 더 높은 진화적 기회를 가질 수 있었기 때문에, 사람들이 우리를 어떻게 생각하는지에 대해 신경을 쓴다. 우리는 어떤 자질이 소속될 수 있는 가치가 가장 큰지를 배운다.

많은 요인을 감안할 때, 우리는 어떤 상황에서든 '평가될 가능성'에 대처할 방법을 개발해야 한다. 브레네 브라운 박사(수치심 전문가이자 나의 우상)는 '수치심 회복탄력성 이론shame resilience theory'을 개발했다.

자신의 연구를 바탕으로 브라운 박사는 수치심의 지배력이 느슨해지기 전에, 수치심에 관해 이야기함으로써 수치심을 이해하고 밝힐 필요가 있다는 결론을 내렸다. 브라운 박사는 또한 용기, 연민, 유대감이 높은 사람들이 수치심을 덜 경험한다는 것을 강조하며, 이러한 자질을 개발하기 위해 노력하면 우리도 엄청난 이점을 볼 수 있을 것이라고 제안한다.

자신이 누구인지에 대해 의심하지 않아야, 다른 사람의 생각에 높은 가치나 의미를 부여할 가능성이 훨씬 적다. 우리가 자신을 알고, 받아들이고, 노력할 때 우리는 가장 진실한 우리 자신으로 성장할 수 있으며 다른 사람의 의견이 우리 정체성을 정의하도록 허용하지 않을 것이다.

거기에 도달하기 위해서는 자기 연민과 공감을 능숙하게 실천해야 한다. 오해를 받거나, 평가절하되거나, 거부당할 위험을 감수할 용기를 가질 수 있기 때문이다. 공감 능력이 뛰어난 사람들은 수치심에 대한 회복탄력성도 높다. 그들은 수치심이 어떤 말로 표현되고, 어떻게 보이고, 어떤 느낌인지 알고 있으며 무엇이 자신과 다른 사람들에게 수치심을 유발할 수 있는지 이해한다. 또한 그들은 수치심의 고통에 대해서도 깊이 공감한다. 이것은 일반적으로 다른 사람들이 '긍정적인 유대감'을 느끼도록, 사람들에게 덜 비판적이고 친절한 방법으로 행동하게 한다.

# 수치심 차단하기

수치심을 느끼기 시작할 때마다 다음 훈련을 할 수 있다. 일단 사람들이 당신을 어떻게 생각하는지에 대해 걱정했던 순간을 상상해보자. 당신이 받아들여지지 않을 것이라고 걱정하는 말이나 행동을 한 후가 될 수도 있다. 그리고 다음 단계를 따라 훈련하자.

1. 당신이 스스로 짜증 나거나, 사랑스럽지 않거나, 가치가 없다고 생각할 때마다 그것을 수치심이라고 부르자. "저런, 수치스러운 일이야!" 혹은 "아이고, 또 수치스럽네!" 하고 자신에게 말해보자.
2. 몸의 긴장을 풀고 심호흡을 한 후 이렇게 말해보자. "나는 소속감, 인정, 사랑을 느끼고 싶은 정상적인 인간의 욕구가 있으므로 수치심을 느낀다."
3. 눈을 감고 가장 가까운 사람들뿐만 아니라 전 세계 낯선

사람들의 얼굴을 그려보자. 그들 모두가 수치심을 경험한다는 것을 인정하고 이렇게 말해보자.

"우와, 나는 거의 모든 인간이 이 고통스러운 감정을 느낀다는 것을 알아. 그것은 우리 인간 경험의 일부야. 나 혼자만 그런 게 아니야."

4. 당신의 몸에서 수치심이 어떻게 느껴지는지 판단하지 않고 마치 과학자처럼 관찰해보자. 시간이 지남에 따라 어떤 물리적인 변화가 있는지 확인하자.

5. 부드럽거나 단단한 손길로 자신을 스스로 편안하게 만들자. 두 손으로 얼굴을 감싸거나 몸을 꽉 껴안아주자.

6. 수치심은 일반적으로 우리를 싸우고 싶거나(분노/억울함) 도망치고 싶거나(반추) 얼어붙게(숨기) 만든다. 수치심 때문에 무엇을 하고 싶어졌는지 생각해보자. 이제 완전히 반대되는 것을 생각해보자. 당신의 주변인들이 당신에게 살이 너무 많이 쪘다고 이야기했다고 가정해보자. 그들과 싸웠고, 그래서 인스타그램에서 팔로우를 취소하고 싶다면, 먼저 5번 훈련을 한 후 다시 당신의 충동을 확인해보는 것이다.

# 32

# 나는 항상 ~해 /
# 나는 절대 ~하지 않아

## 스스로를 단정하지 않는 법

I always /
I never

왼쪽 제목의 문장을 완성해보자. 이 메시지를 소리 내 읽을 때 무엇이 떠오르는가? 당신이 '항상' 그렇다고 생각하거나 '항상' 하는 일은 무엇인가? 당신이 '절대' 아니라고 생각하거나 '절대' 하지 않는 일은 무엇인가?

내가 먼저 말해보겠다. 나는 파트너와 갈등이 있을 때 '항상'과 '절대'라는 단어를 '항상' 사용했다. 주로 내가 파트너에게 그가 '절대' 하지 않는다고(생각해보면 이것은 사실이 아닐 가능성이 크다) 말하는 바보 같은 일 때문에 싸웠다. 예를 들면 화장실 휴지를 다 쓰면 새것을 끼워놓는 것과 같은 일이다.

'항상'과 '절대'는 흑백논리 사고방식의 하위 집합으로, 우리가 알고 있듯 우리 자신, 타인, 세계에 대한 우리의 관점을 제한한다. 때로는 포괄적인 단어로 무언가를 요약하기가 더 쉽다. 하지만 우리가 '항상' 또는 '절대'를 사용할 때 그것이 우리의 능력을 정확하게 반영하고 있지 않거나 증거에 바탕을 둔 것이 아니라면, 두 단어를 일상 대화에서 사용할 때 좀 더 주의를 기울여야 한다.

## 조금 덜 단정적으로 말하기

해결책은 간단하다. 긴 설명이나 연습이 필요 없다. 일상 대화와 혼잣말에서 과장해서 표현하려는 목적이라면 모를까, 수치상으로 정확(항상=매번, 절대=0번)하지 않다면 '항상'과 '절대'는 쓰지 않는 훈련을 해보자.

예를 들어, 나는 당신에게 '절대' 스카이다이빙을 해본 적이 없다고 말할 수 있다. 하지만 '나는 절대 스카이다이빙을 하지 않을 겁니다'라고 말한다면, 이미 마음속으로 단정적인 결정을 내렸음을 암시하는 의미로 바뀐다. 이게 사실이라면 사실일 수도 있다. 그러나 보통 나는 불확실한 미래를 설명하거나 약속할 때 '절대'나 '항상'을 사용하지 않으려고 최선을 다한다. 미래는 모르기 때문이다. 하지만 그렇지 않다면, 대신 '가끔', '드물게', '거의', '대부분' 등 조금 더 여지가 있는 단어를 사용하자.

당신은 다음 문장에서 잘못된 부분을 발견할 수 있을 것이다.

- 나는 항상 사람들이 무슨 생각을 하는지 안다.
- 나는 절대 다른 사람의 감정을 깎아내리지 않는다.
- 나는 항상 다른 사람들의 곁에 있어준다.
- 나는 절대 변할 수 없을 것이다.

# 33

# 지금쯤이면 더 많은 것을 이뤘어야 해

## 뒤처졌다는 생각에서 벗어나는 법

I'm not where
I should be
in life by now

이 혼잣말은 '~해야 해'(11장 참고)와 다른 사람과 비교하기(23장 참고), 그리고 지금까지 다뤘던 다른 셀프 악담의 일부를 잘 엮어놓은 것이다. 우리의 이런 망할 헛소리는 성공하거나 더 높은 단계의 행복을 얻기 위해 특정 시간까지 닿아야 하는, 삶의 이정표가 있음을 암시한다. 우리가 인생에서 원하는 단계에 있지 않다고 혼잣말하는 것은 스스로 사기를 꺾고 남아 있는 자존감마저 무너뜨리는 효과적인 방법이다.

이것은 일반적으로 '모든' 셀프 악담이 성공적으로 목표를 성취하는 방법이다. 거지 같은 혼잣말을 하면 거지 같은 기분이 들 가능성이 크고, 결국 당신이 거지 같은 사람이라고 믿게 될 가능성이 더 커지고…. 이런 식이다.

내가 만나는 대부분의 사람이 20세에서 35세 사이이다

보니 거의 매일, 그리고 종일 인위적으로 만들어졌거나 사회적으로 조건화된 시간표에 대해 듣게 된다. 15년이라는 기간 동안 우리가 '당연히' 거쳐야 한다고 믿는 모든 중요한 단계들에는, 자연히 '뒤처진' 경우에 맞닥뜨리게 될 수 있는 많은 자기 판단도 따라온다. 노인들은 흔히 그들이 과거에 달성했어야 할 목표에 관해 이야기하는데, 이는 후회를 낳고 그들을 과거에 얽매이게 한다. 이런 종류의 발언에는 여러 버전이 있는데, 그중 일부는 다음과 비슷하다.

- 좀 더 쓸모 있는 전공을 선택했어야 해.
- 다른 사람들은 자신의 목적이 무엇인지 알고 있어.
- 지금쯤이면 내가 어떤 일에 열정이 있는지 알아냈어야 해.
- 내 또래 다른 사람들은 다 착실하게 잘 살고 있어.
- 지금쯤이면 더 많은 돈을 벌어야 해.
- 아직도 내가 말단 직원이라니 말도 안 돼.
- 이미 오래되고 안정적인 연애를 하고 있었어야 해.
- 이때쯤에는 결혼하고 싶었어.

당신이 뒤처졌다고 믿게 만드는 전형적인 혼잣말을 멈추고 그 말들을 곰곰이 생각해보자.

## 자신만의 페이스 받아들이기

이 주제에 있어서 나는 당신의 마음에 완전히 공감한다. 나는 아이와 만족스러운 관계를 맺기 위해서는 반드시 젊은 엄마가 되어야 한다는 생각에 한동안 사로잡혀 있었고 그것 때문에 불안했다. 하지만 아이 없이 30대가 된 지금, 나는 많은 모험을 할 수 있게 해준 나만의 시간표에 감사하다.

그래도 주변 또래들을 보며 (그들과 같은 선상에 있지 않기 때문에), 자신이 부족하거나 결점이 있다고 판단하는 이들의 마음을 공감한다. 그러나 구글Google에서 '인생 시간표 life's timeline'를 검색하면 곳곳에 널려 있는 객관적으로 성공한 사람들의 이야기를 읽을 수 있다. 모건 프리먼Morgan Freeman이 큰 성공을 거둔 나이는 심지어 쉰 살이었다!

우리가 한 적 없는 일들은 이미 과거이고, 우리가 아직 하지 않은 일들은 미래다. 우리가 선택하는 행동이 우리가 가는 길에 어느 정도 영향을 미치기는 하지만, 우리의 뜻과 관계없이 삶이 펼쳐지도록 만드는 끝없는 외부 요인들이 있다.

당신이 인생에서 원하는 위치에 있지 않다는 이유로 힘들다면, 다음 리스트를 머릿속에 떠올리자.

1. 모든 일에 나이 제한이 있다는 생각은 만들어진 개념이다. 모든 사람의 인생 행로는 고유하며, 다른 사람과 아무리 비교해도 바뀌지 않는다.

2. 나는 절대 다른 사람들에게 그들이 '있어야 할' 위치에 있지 않다고 말하지 않을 것이다. 따라서 나 자신에게도 그런 말은 하지 않을 것이다.

3. 과거를 바꿀 수 없음을 알기 때문에 나는 지금까지 내 인생에서 하지 못한 일들을 받아들인다.

4. 인생 시간표에 대한 내 집착은 내 자아상, 그리고 내 가치가 사회에서 만든 특정 단계에 따라 정해진다는 믿음과 관련이 있다.

5. 나는 나만의 페이스로 목표를 달성하고 나만의 성공을 이룰 것이다.

# 34

# 나는 쓸모없는 인간이야

## 나 자신의 고귀함을 알아채는 법

I'm unworthy

모든 셀프 악담이 비슷하게 해롭지만, 잊는 데 훨씬 더 많은 시간과 주의를 들여야 하는 몇 가지 예가 있음을 인정해야겠다. 자신에 대한 최악의 믿음 세 가지 중에는 '나는 쓸모없는 인간이다'가 포함되어 있다.

내가 만만치 않다고 말한 이유는, 우리가 믿는 데 매우 익숙해져 있어 우리의 심장 박동처럼 현실적으로 느껴질 수 있는 혼잣말이 있기 때문이다. 자신이 자격이 없거나 쓸모없다는 혼잣말은 우리 자신의 가치를 가장 밑바닥까지 끌어내린다. 많은 사람은 자신이 아무것도 아니라거나 살면서 가치 있는 사람이 될 만한 일을 한 적이 없다는 느낌이 든다고 말한다.

특히 가볍게 이야기하기 힘든 주제인 것 같다. 엄청나게 고통스러운 혼잣말이기 때문이다. '가치가 없다'나 '사랑받을 수 없다' 같은 말은 한 사람의 삶 전체를 무너뜨리고 스스로 표현한 방식대로 행동하게 만든다. 또한 우리의 결정, 가까이하는 사람들, 어려움을 겪을 때 자신을 스스로 대하는 방식 등에 영향을 미친다.

## 인간의 무조건적 가치 이해하기

내가 자격이 없다거나 가치가 없을 가능성은 나의 존재와 가치가 전적으로 조건부라는 '논리'에 근거한다. 그 조건은 부모, 사회, 우리가 속해 있는 관계 등에 의해 설정된 것일 수 있다. 우리는 사랑받기 위해서는 무언가를 하거나, 어떤 삶이 되거나, 자신을 스스로 증명해야 한다고 학습했다. 가치란 외부 요인에 의해 정의된다는 것이다.

내 내담자들에게 권하는, 그리고 지금 당신에게도 강력히 추천하는 워크북 중 하나는 글렌 R. 쉬럴디Glenn R. Schiraldi 박사의 『자존감 워크북The Self-Esteem Workbook』이다. 특히 한 페이지는 내 삶의 법칙으로 받아들일 만큼 내게 엄청난 영향을 미쳤다. 집에서 언제든 집어들 수 있도록 인쇄해둔 것이 있을 정도다.

쉬럴디 박사는 다음과 같은 심오한 말을 전한다.

"'인간의 무조건적 가치Unconditional human worth'는 당신의 본질적이고 핵심적인 자아가 고유하고 소중하므로, 당신이 한 사람으로서 중요하고 가치가 있음을 의미한다. 무한하고 영원하고 변하지 않는 선한 가치다. 인간의 무조건적 가치는 당신도 다른 사람만큼 소중하다는 것을 의미한다."

나는 자격이 없다고 믿는 사람이야말로 살아가는 법을 배우는 데 필요한 정확한 말을 들을 자격이 가장 많다고 믿는다. 쉐릴디 박사는 그가 '하워드의 인간 가치 법칙Howard's Laws of Human Worth'이라고 부르는 것을 정리했다. 나는 이 지혜를 당신과 공유하고 이 페이지의 사진을 찍거나 복사하라고 권하고 싶다. 언제나 볼 수 있는 곳에 붙여두거나, 작게 접어서 지갑에 넣어도 좋다.

# 인간 가치의 기본 (하워드의 인간 가치 법칙)

1. 모두가 인간으로서 무한하고, 내적이고, 영원하고, 무조건적인 가치를 가지고 있다.

2. 모두가 인간으로서 동등한 가치를 가진다. 가치는 비교되거나 서로 경쟁할 수 없다.

→ 당신이 운동이나 학문에 더 능할 수도 있고, 내가 사회적 기술에 더 능할 수도 있지만, 우리 둘 다 인간으로서 동등한 가치를 가지고 있다.

3. 외부 요소는 가치를 증가시키거나 감소시키지 않는다. (예를 들면 돈, 외모, 성과, 업적과 같은 것들은 단지 시장 또는 사회적 가치를 증가시킬 뿐이다.) 인간으로서의 가치는 무한하며 변하지 않는다.

4. 가치는 안정적이며 위기에 처하지 않는다 (누군가가 당신을 거부하더라도 마찬가지다).

5. 가치는 획득하거나 증명할 필요가 없다. 이미 존재한다. 그저 인정하고, 받아들이고, 감사하면 된다.

출처: 글렌 R. 쉬럴디 『자존감 워크북 The Self-Esteem Workbook』

# 35

# 맞는 말이야, 하지만…
### 변명의 말에 낙관을 더하는 법

Sure, but…

깊이 공감할 만한 이야기를 내담자에게 하면 종종 그들은 곰곰이 생각하는 모습을 보인다. 그러나 이는 대개 '하지만…'이라는 대답으로 이어진다. '하지만'이라는 말을 들으면 나는 그 말이 얼마나 자기 파괴적일 수 있는지 열을 내며 설명한다.

인정할 만한 발언을 하고 난 다음 '하지만'이라는 단어를 쓰면 보통은 앞선 말의 긍정적인 에너지가 부정되거나 과소평가된다. 앞선 발언은 보통 우리가 들어야 하는 말, 우리가 믿어야 하는 지혜 혹은 우리가 하고 싶은 일에 대한 것이다. 우리 마음의 방에 그 말이 들어오도록 하는 대신, 우리 대부분은 부인하거나, 정당화하거나, 변명해야 한다고 느낀다. 다음은 몇 가지 예시이며, 일부는 분명 익숙할 것이다.

- 나는 운동하러 가고 싶지만, 결코 습관화하지는 못할 것 같다.
- 내가 더 나은 대접을 받을 자격이 있다는 것은 알지만, 좋은 사람과 데이트할 수는 없을 것 같다.
- 좋아하는 일을 직업으로 삼고 싶지만, 너무 두렵다.
- 내가 가치 없지 않다는 것을 알지만, 거절에 관한 생각을 멈출 수가 없다.

## '하지만'을 '그리고'로 바꾸기

부정적인 혼잣말에는 긍정이나 낙관이 끼어들 자리가 없다. 하지만 다행히도 아주 간단한 해결책이 있다. '하지만'을 '그리고'로 바꾸는 것이다.

일반적인 문장 구성이 아니기 때문에 처음에는 조금 이상하게 느껴질 수도 있다. 그러나 언어를 약간만 변화시키면, 매우 상반된 두 가지가 동시에 사실일 수 있다는 것이 마음에 전달될 수 있다. 또한 문장의 '부정성'을 중화하는 효과도 있다. 다음 구절을 소리 내 말하며 미묘한 변화가 문장의 힘을 어떻게 변화시키는지 비교해보자.

- 나는 시도할 마음이 있고, 실패할까 봐 두렵다.
- 나는 내 몸을 사랑하는 법을 배우고 싶고, 그것은 정말 어려운 일이다.
- 나는 혼자서 이 일을 할 수 있다는 것을 알고, 이 일이 잘될 거라고 상상하기가 어렵다.

'그리고'를 사용하면 '하지만 어려워', '하지만 두려워', '하지만 너무 의욕이 없어' 등으로 의도치 않게 스스로 사기를 꺾는 대신, 힘을 실어줄 수 있다.

"나에게 하는 말을 조금만 바꿔도
삶의 긍정적인 변화가 찾아올 것이다."

**'하지만'을 새롭게 바꾸기**

앞에서 했던 것처럼 일반적으로 '하지만'을 포함하는 당신만의 문장을 5~10개 적어보자. 볼펜이나 네임펜을 가져와서 '하지만'을 지우자. 얼마든 과감하게 해도 좋다. 그다음 '그리고'를 사용해 두 절을 연결하고 새로운 문장을 소리내 읽는다. 마지막으로, 두 번째 절을 완전히 지워버린다. 첫 번째 절을 자신 있게 말하는 연습을 하자. 그것이 얼마나 더 힘과 용기를 주는지 느껴보자.

36

# 나는 능력도 재주도 없어

## 자신의 잠재력을 발견하는 법

I don't have
any real talents
or skills

모든 인간에게는 능력과 재주가 있다. 우리 뇌는 내면 비평가의 비판을 다 받아들이기에는 너무 복잡하며 개발되지 않은 부분도 많다. 물론 모든 사람이 아인슈타인Einstein이나 오프라 윈프리Oprah Winfrey가 될 수는 없다. 세상을 변화시키는 엄청난 일을 한 사람들과 비교할 때 우리가 꽤 평범하게 여겨질 수 있음에 대해 받아들이는 연습을 해야 한다. 그러나 우리가 미래에 세상을 바꿀 수 있는지 없는지는 사실 아무도 모르는 일이긴 하다.

## 잠재력 발견하기

얼마나 본능과 흥미를 키우며 성장했는지가 당신이 어떤 잠재력을 가질 수 있는지에 큰 영향을 미친다. 당장 해야 할 일이 몇 가지 있다.

- 현실을 점검하자. 당신에게는 정말로 능력도, 재주도, 멋진 자질도 없는가? 가능한 한 광범위하게 목록을 작성해보자.

- 무엇이 나의 능력이나 재주에 해당하는지에 대한 생각을 바꾸자. 나는 사람들을 파악하는 능력이 있는 편이지만, 내가 만났던 모든 나르시시스트는 나의 그런 점을 좋아하지 않았다. 반대로 당신이 재주라고 생각하지 않는 것을 다른 사람들은 재주라고 생각할 수도 있다.

- 당신이 성취한 것을 객관적으로 모두 적어보자. 반려동물에게 어떤 묘기를 가르쳤다면, 그것도 적어보자.

- 당신과 가장 가까운 사람들(당신을 진정으로 아는 사람들)은 당신에 대해 뭐라고 말하는가? 가장 친한 친구나 가장 좋아하는 가족이 당신의 능력 목록에 무엇을 추가할까?

- 시간을 거슬러 올라가 어린 시절 좋아했던 일을 떠올려보자. 우리 어린 자아의 자유롭고 개방적인 특성은 우리의 옛 관심사와 성향에 대해 흥미로운 통찰력을 제공해줄 것이다. 당신은 레고Lego 천재였는가?

- 결코 너무 늦지 않았다는 것을 상기하자. 새로운 재주

를 배운다거나 막 싹트기 시작하거나 아직 발현되지 않은 흥미를 키우고 싶은가? 당신에게는 인생의 어느 시점에서든 능력을 발견하고 재주를 키우는 것에 전혀 문제가 없다는 믿음이 필요하다.

- 자신에게 재주나 능력이 없다고 말하는 이유를 생각해 보자. 무엇 때문에 그렇게 생각하게 되었는가? 좋아했지만 재주나 능력을 가꿀 기회가 없었던 것이 있는가?
- 선택하자. 당신은 평범함(정말로 평범하다면)을 받아들일 수도 있고, 잠재력을 더 많이 활용하고 끊임없이 새로운 것을 배우면서 더 만족스러운 삶을 살 수도 있다.

# 37

# 나는 성공해야 해

## 과정에 집중하는 법

I need to be
successful

우리 사회는 어떤 형태로든 성공을 이상화하며 실패 가능성을 평가절하하고 두려워하도록 가르쳤다. 성취 중심 문화에서는 성공적인 결과를 지나치게 강조하며, 이는 곧 인간으로서의 우리 가치와 동일시된다.

내 부모님은 내가 A+로 반짝이는 성적표를 집에 가지고 와도, 딱히 칭찬하지 않으셨다. 처음 B+를 받았을 때 너무 속상해서 성적표를 구겨서 밟았던 기억이 난다. 가방 밑에서 구겨진 성적표를 꺼내 어색하게 아버지께 건넸고, 아버지는 평소보다 낮게 나온 결과에 크게 실망한 나를 언짢아하셨다.

"이 B 학점이 어때서? 다음에 더욱 열심히 하면 되는 거다."

아버지가 하셨던 말씀이다. 당신도 이 이야기와 비슷한

경험이 있었을 거라고 생각한다. 가족, 문화, 사회 규범 중 어느 것이 당신에게 성공하지 못하는 것에 대한 뿌리 깊은 두려움을 주었는가?

어떤 두 사람(스튜Stu와 버트Bert라고 해보자)이 자기 일에 만족하지 못해 진로 변경을 고민하고 있다고 상상해보자. 진로 변경을 위해서는 다시 학업을 시작해야 한다. 다음 대화에서, 당신은 어느 쪽에 더 가까운가?

★ 스튜

- 한번 시도해보고 나서도 여전히 행복하지 않으면 어쩌지?
- 결국에는 빚을 많이 지게 될 거야.
- 내가 하고 싶은 일에서 버티지 못한다면 어쩌지?
- 일이 잘 풀리지 않으면 사람들이 어떻게 생각할까?

★ 버트

- 이 새로운 도전에 대해 생각만 해도 벌써 신나.
- 공부를 다시 하고 싶었어. 드디어 내가 좋아하는 강의를 들을 수 있게 됐어.

- 쉽지는 않겠지만, 내가 더 행복해질 거란 걸 알아.
- 유학을 떠나 좋아하는 일을 하면서 새로운 도시도 경험할 수 있을 거야.

당신은 누구의 반응이 더 익숙한가? 두려움에 바탕을 둔 스튜의 생각은 전부 '결과'와 관련이 있다. 그는 스스로 의심하며 이 새로운 시도에 의문을 품고 있다. 버트의 말은 배우고, 성장하고, 기대할 수 있는 것들에 초점을 맞춘다. 고민도 있겠지만, 그의 궁극적인 혼잣말은 '과정'에 집중하는 것은 물론, 호기심과 긍정으로 가득 차 있다.

둘 중 어느 사람이 이 새로운 시도를 시작할 가능성이 더 크다고 생각하는가?

## 결과가 아닌 과정에 만족하기

우리의 자존감이 단순히 우리가 노력을 기울였고 새로운 것을 시도할 만큼 충분히 용기가 있었음을 아는 데서 비롯된다면, 우리가 '성공'하든 '실패'하든 그 '과정' 자체에 만족할 수 있게 된다. 실패에 대한 두려움에 뿌리를 둔 미래를 생각하며 그 안에 갇혀 있지 않기 때문에, 우리가 좀 더 현재에 충실히 살 수 있게 해준다. 우리는 자신을 진정으로 표현하고 꿈을 실현하는 데 더 관심을 두게 된다.

> **Tip**                                                    •••
>
> 이 문제를 바라보는 또 다른 방법은 스포츠 심리학과 운동선수의 성공에서 바라본 '도전' 대 '위협' 심리다. 우리는 잘못될 모든 가능성에 지나치게 집중하며 경험을 위협으로 볼 수도 있고, 우리가 시도하고 궁극적으로 배움을 얻을 수 있는 도전으로 볼 수도 있다.

# 경험에 감사하는 법

성공하고 싶은 일의 세 가지 예를 적어보자. 그다음, 각각의 예시에 해당하는 발언을 적어보자. 하나는 결과에 대한 당신의 열망을 강조하는 말, 다른 하나는 과정에 대한 당신의 흥미를 보여주는 말을 적는다.

새로운 것을 시도하고 싶을 때마다 종이에 크고 굵은 글씨로 적어보자. 그리고 바로 그 경험을 통해 배울 수 있는 다섯 가지를 적는다. 당신이 이미 어떤 결과를 향해 노력하는 과정에 있다면, 그 경험을 하는 동안 감사하거나 배운 것에 주목함으로써 현재의 순간과 의도적으로, 자주 연결되도록 하자.

# 38

# 나는 망했어

## 잘못된 낙인을 지우는 법

I feel like
I'm broken

'나는 완전 망했어.'

'내 발목을 붙잡는 게 너무 많아.'

'누가 나 같은 사람 곁에 있기를 원하겠어?'

이런 비슷한 말을 입 밖으로 꺼내거나 생각해본 적 있다면, 당신의 어린 자아를 꼭 안아주는 모습을 머릿속에 그려보자. 종종 우리는 내 몸과 마음이 '고통'과 '트라우마'의 역사를 지니고 있고, 그것이 내 삶에 나타나기 때문에 인생이 망했다고 믿는다. 자신이 무언가 매우 잘못되었다고 생각하며, 깊은 수치심 때문에 주변의 소중한 사람들에게 그것을 숨기려고 노력한다. 우리 자신이 망가졌다고 인정하는 것은 (당시의 우리가 통제할 수 있었든 없었든) 인생에서 겪은 고난 때문에 우리가 구제 불능이 되었다고 믿는 것과 마찬가지다.

슬프게도, 감정적으로 유연하고 섬세한 방식으로 상호 작용하는 방법을 아는 사람은 많지 않다. 심리적으로 더 주의를 기울이고 자각하려고 노력하는 사람도 거의 없다. 이러한 인식 부족은 대인관계에 영향을 미치고, 자신이 구제 불능이라고 확신하는 사람들에게 부정적인 영향을 미칠 수 있다.

인간은 누군가가 고통을 겪고 있을 때, 어떻게 말을 걸어야 하는지 알지 못한다. 최악의 경우, 정신 건강 문제와 싸우는 사람들(흔히 트라우마, 불안, 우울증 등의 병력이 있는 사람들)에 대한 공감이 부족한 탓에, 그들이 어떤 식으로든 근본적으로 문제가 있다고 낙인을 찍어버린다. 무언가가 '망했다'는 우리의 인식은 대부분 불완전함을 존중하지 않고, 그것을 평가절하하며 비하하는 문화에서 나온 것이다.

## 자신을 그대로 인정하기

당신이 어떤 식으로든 망했을 뿐 아니라 바로잡을 수 없다는 느낌을 받는다면, 나는 그것이 결코 사실이 아님을 당신에게 말해주고 싶다. 당신은 삶을 경험해온 한 사람의 인간이고, 아마도 꽤 고통스럽게 살아왔을 것이다. 내게는 당신이 이미 가진 믿음을 단번에 바꿀 수 있도록 해주는 해결책이나 일화 같은 것이 없다.

그렇지만, 당신이 매일 실행할 수 있는 간단한 '선택'이 있다. 유난히 자신에 대해 나쁜 생각이 들 때, 계속해서 생각과 수치심(서로 상호 보완적이다)에 빠져드는 대신, 다음의 어떤 말이든 반복해보자. 당신이 망했다는 생각이 들면, 이렇게 말해보자.

- 나는 고통을 겪어온 한 사람의 인간이다.
- 나는 애쓰며 살고 있지만, 망하지는 않았다.
- 나 자신을 바로잡을 필요는 없다. 내게는 힐링이 필요하다.

당신의 혼잣말과 일상생활을 '자기 연민'의 시선으로 더 많이 바라볼수록, 자신이 어떤 식으로든 망했다고 생각하는 것을 서서히 중단하게 될 것임을 기억하자.

# 39

# 내 문제는 별것 아니야

스스로를 존중하는 법

I don't think
my struggles
are that big of
a deal

'내 문제는 별것 아니야'라는 생각이 정말 진심이라면, 내가 이에 대해 더 해줄 말이 없을 것 같다. 하지만 만약 당신이 당신의 고통을 부정하고 경험을 과소평가하고 있는 것이라면, 간단하게 한마디하겠다.

당신의 고통이 당신을 괴롭게 하거나 속상하게 하거나 당신 삶의 질에 영향을 미친다면, 그것은 충분히 주의를 기울여야 할 큰 문제다. 당신의 고통은 당신에게 유일무이하며 현실적인 문제다.

모두의 삶의 환경은 각각 매우 다르므로 고통의 경험을 비교하는 것은 용납될 수 없다. 만약 상처받았다면, 당신이 다른 사람에게 베풀듯 당신도 똑같은 배려와 위안을 받을 자격이 있다. 문제 해결 완료!

# 40

# 나는 부족해 /
# 나는 너무 지나쳐

## 자신에 대한 비판을 멈추는 법

I'm not enough
/ I'm too much

이 책에서 다룬 39가지 해로운 마음의 습관과 부정적인 혼잣말 중 어느 하나라도 당신이 시종일관 실행해왔다면, 결국 스스로 부족하거나 너무 지나치다는 생각에 이르게 될 것이다.

우리 삶에서 의미 있는 사람들이 우리에게 부족하거나 너무 지나친 것이 있다고 믿도록 만든다면, 그들은 우리가 인정받고 사랑받기 위해서는 반드시 충족해야 하는 조건이 있다고 가르치는 것이다. 우리는 자라면서 대인관계에서 우리가 실제로 '부족하다'거나 '너무 지나치다'는 것을 확신하거나 부정할 단서를 찾는 법을 배운다. 그렇게 하면 (우리가 생각하기에) 우리가 얼마나 결점이 많은지 아무도 보지 못하도록 선수를 칠 수 있다.

이 책을 마무리하며, 부정적인 혼잣말을 멈추는 방법에

대해 자신 있게 쓰면서도 불쑥불쑥 튀어나왔던 나의 부정적인 혼잣말에 대해 솔직히 말할 시간을 갖고 싶다. 나는 매번 글을 쓸 때마다 독자들이 이 책에 대해 어떻게 생각할지 걱정이 됐다. 각각의 혼잣말에 대한 예를 들 때, 가장 중요한 것들을 빠짐없이 언급했던가? 책 일부분만 설득력이 있다거나 불필요한 부분이 많다면 어떡해야 할까? 독자들은 이 책을 통해 자신이 여태껏 몰랐던 것을 배우게 될까?

희망(궁극적으로 당신도 갖게 되기를 바란다)적인 것은, 당신에게 말한 비법을 나도 상당수 실제로 이용했다는 것이다. 나는 노골적인 비판을 판단 없이 받아들였고, 마음을 열고 솔직해지는 것의 두려움을 이해했으며, 궁극적으로 내 행동의 방향을 잡기 위해 나의 감정(주로 두려움이었다) 대신 나의 가치(자기 성장, 타인의 성장을 돕는 것)를 사용했다.

나는 당신이 이 책을 통해 인간의 가장 강력한 '정신적 습관'을 바꾸는 진정한 도전을 감당하기를 바란다. 그리고 그 과정을 앞서 판단하지 않고 도전을 받아들일 수 있기를 바란다.

다른 사람이 만든 기준으로 우리의 '충분함'을 측정할 수 있다는 가당찮은 생각을 짚고 넘어가고 싶다. 먹고 싶었던 감자칩 한 봉지를 사서 신나게 뜯었는데, 공기가 빠지고 나니 봉지 4분의 1에만 과자가 차 있었던 경험을 한 적 있는가? 만족할 만큼 감자칩을 먹지도 못했는데 봉지는 이미 텅 비어버리고, 손가락에는 기름과 부스러기만 남아 있었던 순간을 기억하는가?

'이런 바가지가 다 있나' 하고 당신은 씩씩거리며 봉지를 구겨버린다. 이것이 '부족하다'는 것이 무엇인지를 보여주는 유일한 경우다.


자신을 상대로 했던 모든 거지 같은 말과 생각이 그려진 벽화 앞에 서 있다고 상상해보자.

벽화 앞에서 한 걸음 뒤로 물러서서 마지막으로 한번 벽을 바라보며 혼잣말이 당신에게 끼친 해악을 인정하자. 그리고 다시 벽화 앞에 서서 두꺼운 붓으로 그 말들을 모두 지우자. 그 옆에는 당신의 삶에 들여놓을 새롭고 기운 나는 단어들을 다시 한번 적어보자. 한 걸음 물러서서 그 단어들을 소리 내 읽어보자. 스스로 그 말을 할 때 어떤 기분이 드는지 알아차리자.

그리고 다시는 뒤돌아보지 말자.

옮긴이 **김지혜**

미국 버클리음악대학 프로페셔널 뮤직을 전공했다. 한국외국어대학교 영어통번역학과를 졸업하고, 이화여자대학교 외국어교육특수대학원에서 TESOL을 전공했다. 영상번역가로 활동하며 수백 편의 미드·TV영화·다큐멘터리 등을 번역했고 현재는 바른번역 소속 전문 번역가로 활동 중이다. 역서로는 『나는 어지르고 살기로 했다』,『빵은 인생과 같다고들 하지』,『남극으로 걸어간 산책자』,『벽을 뚫는 대화법』,『눈치』등 다수가 있다.

## 내 탓 멈추기의 기술

**초판 1쇄 인쇄** 2024년 5월 16일
**초판 1쇄 발행** 2024년 5월 29일

**지은이** 케이티 크리머
**옮긴이** 김지혜
**펴낸이** 최순영

**출판1 본부장** 한수미
**라이프 팀**
**편집** 김소현
**디자인** 윤정아
**일러스트** 소민

**펴낸곳** ㈜위즈덤하우스　**출판등록** 2000년 5월 23일 제13-1071호
**주소** 서울특별시 마포구 양화로 19 합정오피스빌딩 17층
**전화** 02) 2179-5600　**홈페이지** www.wisdomhouse.co.kr

**ISBN** 979-11-7171-200-7 03180